システムエンジニアは司書のパートナー

~しゃっぴいSEの図書館つれづれ~

高野一枝

システムエンジニアは
司書のパートナー

～しゃっぴい SE の図書館つれづれ～

推薦の言葉

　図書館の業界で生きていくうえで、高野一枝さんと関わりを持つか持たないかでは、だいぶ人生に違いが出るだろう。彼女と知り合うということは、その後の人生においてさまざまな厄介事や相談事が増えることでもあり、同時に抱腹絶倒するような不可思議なハプニングに遭遇することでもある。だが、それ以上に言えるのは、きっと自分ひとりの力では切り拓けなかった世界に足を踏み込ませてくれるのだ。それが高野一枝という人物である。

　NEC ネクサソリューションズ（株）で 20 年にわたって図書館システムに関わってきた高野さん。その後、大勢の図書館関係者のネットワークの礎となった Future Librarian 全国図書館大会 U40 プレミアセッションの仕掛け人のひとりであった高野さん。2011 年の東日本大震災に松島で遭遇し、そのタイミングで病気が発覚しつつも無事に生還した高野さん。会社を退職し、病から生還した後には、無理はほどほどに避けつつも、それでもいままで以上にアクティブに全国を飛び回る高野さん。

　おそらく、これだけではとても足りないくらい、高野さんは多くの顔を持っている。本書の読者のなかにも、きっと上

記のいずれかの顔をした高野さんと出会い、その後の人生がトータルでは楽しく、面白く、おかしくなっている方々がいらっしゃるだろう。どんなに幸運に恵まれようと、逆にどんな逆境にあっても、好奇心と共にあれば、人生はいつでも常に豊かになると高野さんの生き方から学んだ方も少なくないだろう。それがまた高野さんという方なのだ。

　このように、なんとも一言一口には形容しがたい高野さんだが、ご本人が常々自称されている「しゃっぴいおばさん」とは別に私が心中密かに思っている肩書がある。それは「マスター・オブ・ライフ」「人生の達人」だ。おそらく、この本も図書館の本、図書館 SE の本と思って読むよりは、図書館にも関わった「マスター・オブ・ライフ」「人生の達人」の未完の自伝のごく一部と思って読むほうが、きっと楽しいことだろう。図書館はあくまで切り口やスパイスのひとつに過ぎないことを忘れずに、この本をお楽しみいただければ、彼女の若い友人のひとりとしては嬉しいかぎりだ。

　2018 年 7 月
（アカデミック・リソース・ガイド株式会社（ARG）代表取締役／プロデューサー）

　　　　岡　本　　真

【目　次】
Contents

推薦の言葉 ……………………………………………………… *2*

まえがき ………………………………………………………… *9*

しゃっぴい SE ができるまで ………………………………… *13*

第1章　図書館は誰がつくっているのか ……………*17*

1　ベンダーは図書館のパートナー：
　図書館システムの歴史 …………………………………… *19*

2　図書館と出版社をつなぐ：
　原書房成瀬雅人氏の講演会から ………………………… *27*

3　まちライブラリーのかたち ……………………………… *31*

　3.1　NPO 法人情報ステーション ……………………… *31*

　3.2　旅する図書館 ………………………………………… *33*

　3.3　つるがしまどこでもまちライブラリー ………… *41*

4　つながる図書館のさき：専門図書館の紹介 ………… *45*

第2章 SE の図書館見聞録 ………………………… *53*

1 変わりゆく図書館 ……………………………… *55*

  1.1 指定管理から直営へ：小郡市立図書館 ………… *55*

  1.2 双極の図書館比較：伊万里市民図書館と

      武雄市図書館 ………………………………… *56*

  1.3 ビジネス支援で顧客を開拓：

      札幌市中央図書館 …………………………… *60*

  1.4 さばえライブラリーカフェとえきライブラリー：

      鯖江市図書館 ………………………………… *62*

  1.5 劇的 Before → After：佐世保市立図書館 ……… *71*

  1.6 図書館の常識を覆す：みんなの森ぎふ

      メディアコスモス …………………………… *80*

2 まちへの愛をかたちにする ……………………… *86*

  2.1 官民連携の地方創生モデル：紫波町図書館

      （オガールプラザ）…………………………… *86*

  2.2 図書館が町のステータスに！：塩尻市立図書館 … *92*

  2.3 戦時中のユタ日報に釘付け：

      松本市中央図書館 …………………………… *95*

2.4 郷土愛が詰まった図書館：

宇佐市民図書館 ……………………………… 96

3 小さなまちの大きなサービス…………………………… 99

3.1 ランドセル置き場のある図書館：

松川村図書館 ………………………………99

3.2 広報紙を毎月2ページ占拠：

草津町温泉図書館 ………………………………100

3.3 小さな図書館の貸出アップ作戦：

黒部市立図書館宇奈月館…………………………… 106

第3章　事件は図書館現場で起きている………………111

1 人間関係のスキルをみがく：

川合健三氏のクレーム対応セミナー基本編 ………… 113

2 職員を大事にするスペース：石狩市民図書館……… 119

3 非正規雇用職員セミナー：同一労働同一賃金……… 121

4 2011.3.11 東日本大震災………………………… 129

4.1 東松島震災アーカイブス：東松島市図書館…… 129

4.2 南相馬市立図書館の場合……………………… 133

第4章　SEからみた可能性 ……………………………… *139*

1　エコノミック・ガーデニング ……………………… *141*

　1.1　エコノミック・ガーデニングとは？ ………… *141*

　1.2　山武市さんぶの森図書館の「ツナガル。」

　　　図書館を目指して ………………………………… *143*

2　ビブリオバトル全国大会：生駒市図書館の

　　取組みから ……………………………………………… *146*

3　ウィキペディア ……………………………………… *154*

　3.1　ウィキペディア編集体験 ……………………… *154*

　3.2　新宿区立図書館から、連携のための

　　　ウィキペディア発進 …………………………… *162*

4　回想法 ………………………………………………… *174*

　4.1　回想法とは？ …………………………………… *174*

　4.2　田原市図書館の「元気はいたつ便」………… *183*

　4.3　三郷市図書館の回想法試行事例 ……………… *189*

　4.4　回想法ライフレヴュー研究会との

　　　意見交換会 ……………………………………… *191*

　4.5　浦安想い出語りの会 …………………………… *193*

あとがき …………………………………………………… *197*

初出一覧 …………………………………………………… *200*

表紙・イラスト　風間花奈

まえがき

　在職した会社から Web コラムを書かないかと打診があったのは、退職して 3 年程経ってからでした。図書館との関わり方は、システムエンジニア（以下、「SE」）、司書、利用者では、それぞれ視点が違います。

・SE：ものづくりの視点
・司書：システムを使いながらサービスを提供する視点
・利用者：図書館を利用する視点

　話をいただいたとき、私が SE として、また一利用者として書くコラムは、司書の皆さんからみると、司書の立ち位置を振り返るきっかけになるのかなあと思いました。
　また、図書館の職員の研修についても地方格差を感じていました。図書館関係の研修は東京に集中しています。地方の図書館員が研修を受けるには、研修費のほかに宿泊費や交通費の負担がかかるし、何より休みが取れないのです。私の拙い文章であっても、情報として届けることができるかもしれないとも思いました。
　そんな想いもあって、「会社の宣伝はしない」を条件に、ユー

ザー（システムを提供する図書館）向けの私信の延長戦であればと、Web コラム「図書館つれづれ」を 2014 年から始めました。

（参考 URL: https://www.nec-nexs.com/supple/autonomy/column/takano/column001.html)

　その Web コラムが 50 回を迎えました。これを機に、NEC ネクサソリューション（株）の協力を得て、本にすることにしました。SE の視点による図書館に関するコラムを一冊の本にまとめることで、今後の図書館の発展に少しでも役立てばと思ったからです。

　本は、コラムを整理して、以下の 4 章の構成にしました。
　第 1 章：「図書館は誰がつくっているのか」

　　図書館を支えるシステムの歴史や出版社のこと、誰でもつくれるまちライブラリーを紹介しました。
　第 2 章：「SE の図書館見聞録」

　　Web コラムの題材探しに、図書館関係者と多くの図書館を巡りました。大きく変貌する図書館もあれば、郷土をこよなく愛する図書館もありました。小さな図書館の大きなサービスには、胸打たれるものがありました。そんな図書館見学記をまとめてみました。
　第 3 章：「事件は図書館現場で起きている」

　　図書館現場では、クレーム対応や非正規雇用の問題などさまざまな事件が起きています。自然災害時の対応もしか

り。そんな話題をまとめてみました。

第4章：「SE からみた可能性」

　図書館は森羅万象どんなことにも対応できる空間です。そのニーズは地域によっても違います。図書館の未来を模索するため、エコノミック・ガーデニング、ビブリオバトル、ウィキペディア、回想法と、私もイベントやセミナーに参加して、体験報告をまとめてみました。

　50号までの20万字を超す Web コラムを本にする第一歩は、コラムを再構成する作業から始まりました。私信を出していたユーザーの読者から、「Web コラムは上品すぎる」との指摘もあり、この際、かつての私信「LIVRE つれづれ」も「ハンモックタイム」として幾つか紹介することにしました（固有名詞などは一部編集しています）。かつてユーザーだった幾人かに意見を伺ったところ、「記録に残しておいてもいいのでは」と背中を押してくださる声があったからです。私信とはいえ、こんな記事をユーザーへ送るのを見逃してくれていた、今は無き旧会社の度量に感謝するとともに、目にされた皆さんがどんな反応をするのか、ちょっと愉しみでもあります。目次にも出さずに、宝探しをするように楽しんでもらいましょう。

　なお、Web コラムは、基本はそのままですが、用語の統一など加筆修正しています。参考に、掲載された回と年月を、

巻末に「初出一覧」として記載しました。状況の変わっている図書館は、「その後の追記」として、わかる範囲で補足しました。

かつて図書館に関わった SE のエッセイです。図書館を論じるつもりなど毛頭ありませんが、この本が、図書館で働く皆さんの気づきや、働く図書館を見直すきっかけになれば嬉しい限りです。

2018 年 8 月

「しゃっぴぃ SE」高野　一枝

しゃっぴい SE ができるまで

　「しゃっぴい」とは、私の田舎の方言で、「おてんばで、おしゃべりな女の子」のことをいいます。大人になってもちっとも進化しないので、自らを「しゃっぴいおばさん」と多少自嘲も含めて自称していますが、大人になりきれないこともまた楽しからずやと思っています。

　ひょんなことから 40 歳を目前にして、図書館システムに関わるようになりました。

　ここで、図書館 SE の仕事を少し紹介したいと思います。

　今は手法も違っていますが、50 年ほど前に出来上がった汎用機時代のシステムは、以下の手順を踏んで完成していきます。

1）要件定義書の作成

　どんなことをコンピュータにさせるのか、SE は、システムを納める図書館と、打ち合わせをして決めていきます。

　厄介なのは、ベンダーごとに、用語がまちまちで統一されていないことです。ベンダーとはシステムを提供する会社のことを言います。図書館のシステムの導入があまりにも急速

に発展していったため、用語の統一は今も大きな課題となっています。

2) 概要設計書の作成

　要件定義書を踏まえて SE は大まかなフロー（流れ）を書きます。

　概要スケジュールを引いて、ポイントごとにチェックする項目も決めていきます。

3) 詳細設計書の作成

　各フローをプログラムが書けるように細かく設計します。

　あとの行程でミスが発覚するほど、手戻り作業は増え、バグ（不具合）も生じやすくなります。

4) プログラムの作成

　詳細設計書から実際にシステムで動くプログラムを作ります。

5) 単体テスト

　単体テストでは、各条件に従って、分岐のテストデータを作り、実際の仕様通りにプログラムが動くか動作確認をします。通常の処理はできて当たり前。プログラムの精度は、たまにしか起こらないイレギュラーな処理にどれだけ対応できるかにかかっています。

6) 総合テスト

　単体テストが終わったら、システム全体を通して動作確認をします。

7) 導入

ユーザー（契約先）へ、ハードとソフトを納入します。現地で全体を通して確認後、オペレーション研修も終えて、本稼働します。

8）保守

契約期間の間、ハードやソフトの保守対応をします。

大きなシステムになればなるほど分業になり、多くの人が関わります。システムは、プログラミング技術が優秀なSEがいても、業務を理解していないと、悲惨な目に合います。プロジェクトの失敗の多くは、そこにあり、各分業による伝達がうまくいかなかったことが挙げられます。

図書館システムのように販売店がシステムを納める場合、システムを開発するSEと、現地で導入・保守をするSEは同じチームではありません。ユーザーからすると、SEに何度要望を出しても、開発するSEとチームが違うから、すぐには声が届かないのです。

私が関わったシステムは、販売店SEを持たなかったので、開発・導入・保守を同じSEが関わっていました。数をたくさん販売することはできませんが、ユーザーの声を生で聴ける利点がありました。

図書館システムに関わってきて、いつも気にかけていたのは、「ベンダーは図書館のパートナー」という想いです。図書館がシステムを採用するときは、要件定義書を提出し、

その条件に見合ったシステムを決めていきます。ところが、要件には書いていたのに実現していないことがあったりします。しかもバグは日常茶飯事に発生するので、図書館の職員にとっては、ベンダーは敵との雰囲気があるのも事実。ベンダー側も膨らむ条件に閉口してしまうことが正直あります。でも、よく考えれば、ベンダーも図書館も、利用者へ、より良いサービスを提供するという同じ目的を持っています。SE も司書も、図書館を通して、生活の糧を得ています。双方は敵ではなく、お互いに協力し合って同じ道を歩む同志なのです。

　在職中も図書館司書が集まる場所へ積極的に出かけていきました。情報収集も兼ねていましたが、SE のいない場所でシステムの話をされるのは、欠席裁判のようで不本意だったのです。不満はたくさんあるでしょうが、司書と同じ土俵で話をしたかったのです。

　在職中に司書の資格を取得した時は、「これで、私たちの視点もわかってもらえる」と、ユーザーの皆さんが喜んでくれました。この司書資格取得がきっかけで、日本図書館協会の中堅職員向けのステップアップ研修で、図書館システムに関わる講師もさせていただきました。

　そんなしゃっぴい SE が、図書館、司書、SE に向けてエールを送ります。

第1章
図書館は誰がつくっているのか

　図書館システムに初めて関わったとき、先輩方から、「図書館は、利用者と本と館の3つの要素から成り立っている」と教えられました。最近はバーチャルな図書館もあるし、資料も電子化されるなど、環境も随分と変わってきました。

　図書館を支える周辺には、いろいろなものがあります。図書館システムもそのひとつ。出版社も、図書館が成り立つためには欠かせません。

　図書館は制約のなかにあるかというと、誰でも作れるのが「図書館」です。礒井純充氏が提唱し大阪で始まった「まちライブラリー」は、まちの中にあるカフェやギャラリー、オフィスや住宅、お寺や病院などに本棚を置いて、「本」をきっかけに人とのつながりをもつ活動です。他にも、建物のないライブラリーとか、古民家、大学や学校など、いろいろなス

タイルがあり、今では全国600か所に拡大していて、「つるがしまどこでもまちライブラリー」はそのひとつです。

　千葉県船橋市で活躍している「NPO法人情報ステーション」は、図書館をまちづくりのツールとして利用しています。

　友達が主宰している、拠点を持たない「旅する図書館」も、大きな枠では「まちライブラリー」と言えるでしょう。

　私は公共図書館のシステムに長く関わってきましたから、専門図書館の存在を知ったのは退職後のことでした。その後、専門図書館を横断検索でつなぐdlib（ディープ・ライブラリープロジェクト）にも関与することになりました。専門図書館は、とても奥の深い知識と情報を持っています。そんな専門図書館を知ってほしくて、紹介したこともありました。

　この章では、公共図書館を支える世界や、公共図書館以外の図書館をまとめてみました。

1　ベンダーは図書館のパートナー：
　　図書館システムの歴史

　図書館システムの歴史についてエピソードに触れながらお話しします。記述の年代は私の関わった図書館を基にしましたので、実際は数年のずれがあるかもしれません。ご了承ください。

1）ハードの歴史：汎用機から UNIX、そしてクラウドへ

　図書館システムのコンピュータ化の歴史は古く、1970 年代には既にシステム化されていました。

　私が関わっていたシステムの原型は、外資系のハード（ハードウェア）だったため、日本語辞書の構築に大いに苦労したと聞いています。

　日本の図書館システムは、アメリカと比べると、蔵書管理システムより貸出システムとしてスタートしました。いまでこそ、小さなサーバになりましたが、当時のハードは汎用機を使っていて、とても高価で、ソフト（ソフトウェア）は「ハードのおまけ」みたいな時代でした。

　1980 年代に入ると、ハードに依存しない UNIX の図書館システムが現れます。私たちが関わるようになる前身のシステムも、この頃生まれました。UNIX には仕事の優先順位と

いう概念がなくて、貸出処理も統計処理も同じように並行に処理します。そのため、早く処理してほしい業務をいかに早くするかが当時は課題でした。

2007〜2008年くらいからクラウドコンピューティング（以下、「クラウド」）（インターネット経由で提供されるさまざまなサービス）が話題になりました。図書館システムで提供されるクラウドは、ハードもアプリケーションも提供するSaaSと呼ばれるサービスです。即ち、インターネットの環境さえあれば、利用可能になるのが図書館システムのクラウド版です。

クラウドの利点は、サーバの調達をしなくてよいので、価格が抑えられ安価になります。データは雲の上にあるので、サーバのお守りをすることはありませんし、ディスクの容量の心配をすることもありません。一方で、問題点もあります。雲の上のサーバは、多くの図書館と共有するので、システムの個別のカスタマイズが難しくなります。データは手元にないので、移行作業などのそれなりの対処は、あらかじめ決めておかないと大変なことになります。

また、個人情報を預けるので、個人情報保護条例に従わなければならず、場合によっては条例の改定に議会承認が必要となります。クラウドは数の論理です。たくさんのユーザが同じハードを共有すればするほど、ハードや施設利用料は安くなります。クラウド版の図書館システムは、比較的小規模の図書館に向いているシステムといえるでしょう。

2) インターネットが変えたシステム

1992年に、現在は沖縄のOIST（沖縄科学技術大学院大学）副学長代理の森田洋平氏が、日本で最初にホームページを発信しました。当時の森田氏でさえ、今のようなインターネット世界は想像できなかったそうです。インターネットはその後猛スピードで普及し、今では、インターネットなしでは生きていけない時代になりました。

便利なものには必ずリスクが伴います。回線を通じての犯罪行為に対処するためのウイルス対策やセキュリティ対策が必要となり、システム提供会社側にもネットワークエンジニアの育成が必須となりました。DoS攻撃の対応にも苦慮します。図書館のサーバが踏み台になった事件は、私たちも経験したことがあります。当初はメモリもCPUも高くて十分なハードウェア構成ではなかったため、Googleの検索エンジンがアクセスしただけでも検索が‘ピタッ’と止まってしまい、ついでに心臓も止まるような思いをしました。

2010年3月に発生した岡崎市立図書館のLibrahack事件は、図書館内部にも影響を及ぼしました。もはや、図書館の方々も「インターネットは知らない」なんて言ってはいられない時代になりました。

WebOPACでの書影表示が新しい機能のように言われていますが、1990年代に、デジタルカメラで絵本の表紙を撮影し、館内OPACで書影表示を実現していた図書館がありました。デジタルカメラが1台100万円近くしていた時代です。

回線も 128Kb と今とは比べ物にならないほどの遅さでした。画像データをその都度サーバに取りにいくのでは、貸出／返却のレスポンスに大きく影響します。そこで、私たちはパソコンに蓄積されていない画像だけサーバへ取りにいく工夫をして、システム構築をしました。

カーリルの横断検索が図書館界では話題になっていますが、2003 年に、近隣の図書館システムを解析して横断検索を作り、インターネット上で公開した図書館長がいました。当時の図書館の方々はしっかり未来を見据えて仕事をしてきたのだと、改めて思います。

都立図書館の横断検索が始まると、相互貸借での貸出が増えるようになりました。公共図書館の資料費削減が拍車をかけ、図書館システムに相互貸借機能を構築しました。そうして、WebOPAC 上での貸出状況の表示や予約が始まっていき、通信データの暗号化も必須となっていきました。

インターネット上で予約ができるようになると、予約のキャンセルも実現しましたが、これが結構トラブルになりました。利用者が自分でキャンセルしたのか、職員の操作ミスなのか、どちらかわからなくなってしまうのです。そのため、予約の解除がインターネットで行われたのか、業務端末なのか、履歴を確認する画面「予約キャンセル履歴」の要望が出てきました。必要に迫られて構築しましたが、予約のキャンセル履歴といえども立派な履歴です。いつまで保管するのかが問題になり、システムパラメータで期限を設け、期限を過

ぎると自動的に削除するようにしました。

インターネット予約は、図書館の職員の運用も大きく変えました。朝の数時間は、皆さん大変な思いをして棚から本を抜き出し、利用者のリクエストに応えているのではないでしょうか。

インターネットから外れますが、2000 年問題というのもありました。昔はハードもメモリもとても高かったので、少しでも節約しようと、西暦は下 2 桁しかデータとしてもっていなかったのです。2000 年になると、'00' 年になってしまい、1999 年の '99' 年より古くなって矛盾が起きてしまいます。システムはこぞって回避するための改造を行いました。プログラムが正常に動くのを見届けるため、私たちも大みそかに徹夜して待機したのを覚えています。元号区分を持たずに管理をしていたシステムでは、昭和から平成になった時に同じような混乱があったと聞いています。

3) 法律がシステムを変える

システムは、法律とも大きな関係があります。

1997 年に学校図書館法が改正され、2001 年に制定された「子どもの読書活動の推進に関する法律」の具体化のため、文部科学省が学校図書館のモデル事業に着手しました。それまで未着手だった学校図書館のコンピュータシステムが手掛けられるのはこの頃からです。

2000 年に電子自治体構想が発表されました。住基カード

は中々普及せず、そこで、利害関係の少ない図書館に白羽の矢が立ちました。補助金を利用して随分と大規模なシステムのカスタマイズをしたのですが、住基カードの利用は普及までには至りませんでした。

2003 年に個人情報保護法が施行され、セキュリティやプライバシーへの配慮が強化されていきます。職員がカウンターに入る度に ID、パスワードの入力をする業務権限機能もこの時生まれました。図書館の職員は、カウンターにいるかと思えば、利用者を案内するなど絶えず動いています。自治体からの要望に、当初私たちも戸惑いましたが、ID 権限により権限のない業務には展開できないように構築しました。特に大きな図書館では、この業務権限機能が使われています。システム提供会社はプライバシーマークの取得が必要となり、保守体系も変わりました。

今までは電話一本で済んでいたリモートメンテナンス作業は、メールで受け付け、作業許可をもらい、別室で作業をして報告書を作成しなければならなくなるなど、手順が一段と複雑になりました。コンプライアンスや説明責任が要求されて、システム提供会社にも図書館にも事務手続きに手間のかかる時代になっていきます。

4）新しい図書館のかたち

2003 年に、六本木のアークヒルズライブラリーが開館しました。会員制の図書館は、図書館に‘ステイタス’という

付加価値のあり方を示しました。

　2004 年は、山中湖情報創造館が指定管理者第 1 号と謳われた年でした。人件費抑制のため、CTI サービス（電話の自動音声応答サービス）や、IC タグを利用した自動貸出機、自動返却仕分け機のシステムも出現しました。自治体財政はますます逼迫し、2006 年に横浜市で貸出レシート広告を採用しました。利用者サービスの一環で、コンビニ受取サービスも現れました。このサービスは聞くところによると、本が図書館を出るときに、既に貸出状態にしているようです。

　ビジネス支援やジェンダーフリーが話題になり、貸出／返却などのカウンター内部業務から利用者サービスを意識したレファレンス検索などもシステムに取り込まれていき、システムの性別コードを廃止した図書館もありました。

　2009 年は iPad や Kindle が出てきて、電子書籍が巷に現れ始めました。「図書館が消える！」と随分話題になりましたが、その後、電子書籍の話もかなりトーンダウンしています。利用者へのサービスはますます拍車がかかり、Web 上でアマゾンのようなリコメンドサービスや ‘My 本棚’ を提供する図書館も出てきました。

　技術の進歩は際限がありません。私が退職した 2011 年以降も、Android やおサイフケータイ対応などシステムは日進月歩の発展をみせています。2012 年に国立国会図書館が JAPAN/MARC を公開しましたが、まだ公立図書館への普及には至っていません。

図書館もまた、2013年に武雄市図書館(佐賀県)でCCC(カルチュア・コンビニエンス・クラブ) を指定管理者とした運営が話題になり、その影響は宮城県多賀城市や神奈川県海老名市などへも波及しています。最近では、千葉県市川市の行財政改革大綱に見られるような、図書館のあり方そのものを問うような報告もされています。

　システムの移り変わりをざっと見てきました。ランガナタンは、「図書館は成長する有機体」と唱えましたが、図書館運用のツールとしてある図書館システムもまた「成長する有機体」なのです。ベンダーは図書館のパートナーとして、一緒に成長し続けられればと願っています。

2 図書館と出版社をつなぐ：
   原書房成瀬雅人氏の講演会から

　原書房は昭和24年創業の社員20名ほどの会社です。小さな会社に聞こえますが、この業界では中堅どころで、出版社は1，2名の小規模が多いのだそうです。成瀬氏はこの出版社の代表取締役社長です。原書房で扱う本は所謂売れ筋ではありません。国連の年鑑や地理学の学術書など硬派の書物が多く、半分近くは翻訳書とあって値段も高め。最近は円安で、翻訳の著作権料の支払いも苦しくなったと台所事情も話してくれました。

　本はどうして売れなくなったのでしょうか？　明らかにインターネットの影響です。本と他の情報との違いについて、時間軸に視点をおいて説明されました。
・映像（テレビ）：スピードが勝負
・インターネット：瞬時に広域に影響。発信している人をどこまで信用してよいか
・新聞：少し事実関係を把握できる
・雑誌：買ってもらうために、キャッチコピーで煽る
　上記媒体に比べ、本は、著者と出版社が責任を一生負わなければならないとのことでした。

編集の仕事は、企画、著者・訳者・監修者の選定、原稿依頼から原稿受領・整理、レイアウト、校正、資材手配、タイトル、キャッチコピー、装丁、原価計算、プロモーションなど多岐にわたります。一見派手な仕事に見えますが、校正などの地味な作業もあるのです。装丁や字体や紙の質まで、本当に真摯に対応しているのが伝わってきて、出版社は「ものづくりの集団」なんだと実感できました。最近知人が本を自費出版しました。内容は素晴らしいのですが、レイアウトや字体のせいか読むのに少し抵抗を感じています。今まで本の装丁など気にもかけていませんでしたが、お話を聴いて、改めて編集者の‘こだわり’に納得した次第です。

　日本の本は委託再販制度に守られています。本ができあがり、流通する経路は以下の流れをとります。
　出版社→取次店（卸）→書店（→取次店→出版社（改装）→取次店→書店→出版社→…）
　一定期間書店に置いて売れないときは、出版社に返品されます。その返品率は約４割。凄い比率です。書店に並んでも売れ行きが芳しくないときは、返品された本のカバーを変えて、また書店に並ぶこともあるそうです。出版社は一旦売り上げ計上した本が返品されると負の在庫になります。だから、利益を上げるために新しい本を作るという自転車操業の状態に陥ります。都会の大きな書店には山積みになっているベストセラーが、地方の書店では手に入らない矛盾も取次店

がからむ問題だとか。何だかややこしいです。

　図書館に販売するルートには、日販やトーハンなどの取次店を通らずに直接書店や出版社から図書館が購入するルートもあります。著者や出版社は本を売らないと利益にならないので、同じ本を何度も貸出する図書館は「無料貸本屋」との批判もあります。著作権料の視点から見ると、実はもうひとつ抜け穴があり、それは BOOKOFF などの古書店マーケットです。古書店で買い求められた本も図書館の貸出と同じように、著者や出版社には利益はありません。これが問題視されないのは、経済の法則に従っているからなのでしょうか。

　図書館と書店の違いを、「書店は‘経済’、図書館は‘政治’」と、某書店の店長が喩えました。年間８万冊もの新刊書が出る中、書店とて全ての本を並べることはできません。だから、売れる新刊書が中心になり、書店は売るための‘棚’をつくります。書店で売れない本には色々あります。高価すぎて買いたいけど手が出ないのも、書店では売れない本に属します。売れない本は売れないだけで、役に立たない本でも使えない本でもないのです。図書館には、これらの売れない本も‘棚’に並びます。

　ほとんどの出版社が、それでも本を作っていくのは、数少ない売れた本の利益で食いつないでいるとのことでした。そして、その利益に図書館が大きく貢献しているというのです。硬派の出版物の初版発行部数は 2,000 部が平均。公共図書

館は約 3,000。もし公共図書館の 1/3 が買ってくれれば、充分採算が取れるというわけです。

補足ですが、2014 年の図書館大会で成瀬氏が話していたことも紹介しておきます。

「本当はその先の本を手に取ってくれる読者をみなければならないのに、編集者は著者に目が向いているし、営業は取次店に目が向いています。出版社は直接読者と関われないもどかしさがありますが、図書館は直接利用者と関われる利点があります。出版社からみれば図書館もまた読者です。図書館に本を置いてもらえることは信頼感にもつながっていきます。図書館には多くの方が来館し本を手に取るので、図書館に置いてもらえる本を作れば出版社の質も上がります」。

ある利用者の方が、成瀬氏に「たびたび図書館へ借りに行き、あまりに独り占めしているのは気が引けて、遂に購入しました」と連絡をくれたそうです。これこそ成瀬氏の想い描いた販売ルートです。図書館は‘ショールーム’の役割を果たしたのです。著者や作家も、実は図書館のヘビーユーザーでした。図書館には役に立つ使える本が棚にあるからです。「図書館と書店が共存できる道を探す」成瀬氏のテーマは、出版社が「図書館を通じて読者とつながる」ことでもあるのかなと感じた講演でした。

3 まちライブラリーのかたち

3.1 NPO法人情報ステーション

　NPO法人情報ステーション（以下、情報ステーション）は、当時20歳にもなっていなかった岡直樹氏が立ち上げた民間図書館です。授業が終わり、大学から地元に戻ってきても公共図書館は既に閉館していて図書館を利用することができません。「ならば、自分で作ってしまえ」と、2004年3月に高校の同級生と情報ステーションを設立しました。そして、2006年5月に民間図書館1号館が開館しました。

　私もその時のことを辛うじて覚えています。「公共図書館が近くにあるのに、何故なんだろう？」といぶかっていました。あとで知るのですが、彼が取り組んでいたのは‘まちづくり’でした。図書館はあくまでもツールで、気軽に本に触れる機会を提供すると共に、民間図書館を中心とする地域のコミュニティを構築することによって、地域活性化につなげることを目的としています。ホームページを見てもらうと、様々な活動を見ることができます。情報ステーションには、現在600人のボランティアが登録されています。千葉県習志野市にある図書館では、未就学児が小学生に交じって、貸出のお手伝いをする光景もあるそうです。

　船橋市図書館は、北館、東館、西館、中央館の4つの独

立した公立図書館と、8つの公民館図書室がネットワークで
つながっていました。船橋市では「暮らしの中にある図書館、
身近に感じられる図書館を目指して」をスローガンに、3つ
の公民館図書室を新設し、2つの公民館で図書の貸出返却窓
口が設置されました。その一環で、2014年10月には、船
橋FACEビルにある情報ステーションも返却拠点として加
わることになったのです。

　でも、「なぜ民間図書館が返却窓口に？」と、皆さんも疑
問を持たれたことでしょう。船橋市図書館は、かねてより駅
前に返却窓口を持ちたいと模索していました。FACEビルの
5階には市の施設があるのですが、通勤通学の利便性を考え
ると、どうしても2階の通路を確保したかったのです。そ
こで、ビルの管理組合や情報ステーションと協議の上、情報
ステーションに返却窓口の業務委託することになりました。
ボランティアの中には仕事復帰準備組もいます。そんな方々
に、少しでも働く喜びを取り戻してもらう機会になるのでは
と個人的に思いました。

⇒その後の追記
　船橋市は人口60万の街です。どこかで誰かとつながり、
見知らぬ人をつなげる場所、それが「図書館」。そんな実績
が評価され、2017年2月に、NPO情報ステーションが「ふ
るさとづくり大賞」を受賞しました。
　現在の民間図書館数は県外の30か所を含めて80か所に

も及びます。ボランティアは750人ほど。設置場所は、老人福祉施設や商業施設の他、パチンコ店内や酒屋など様々です。「地域の方が身近なところでボランティアとして働いてもらいながら、地域コミュニティの拠点として交流の場になってもらえれば」と、情報ステーションの夢はまだまだ発展途中です。

3.2 旅する図書館

'旅する図書館'は、知人が主宰する、偶然集まった旅の道連れと作り上げる、本を通して会話や体験を楽しむコミュニティサロンです。開催場所はその時によって違います。まさに旅をしているようです。そんな活動を2つ紹介します。

1）浅草物語散歩

隅田川に架かる橋にまつわる小説を紹介しながらの旅でしたが、歩いたのは浅草吾妻橋の往復きり。その往復に2時間かかりました。その間、案内人は、まるで講談師のように語ります。酔いしれて、「それで、次は、どんな展開？」と引き寄せられたところで、映画館の予告編宜しく、「続きは、是非、本を手に取って読んでください」と、10冊の本の紹介がありました。密度の濃い時間と、見事な寸止めの話術に、案内人の物語散歩のルーツを知りたくなりました。

案内人の名前は堀越正光氏。習志野市にある私立高校の国語の教師です。物語散歩のルーツは、「生徒に本を読んでも

らいたい」という想いでした。先生自身街歩きが好きだった
こともあり、授業の延長で教室を飛び出して1996年から生
徒とともに街を歩く「東京物語散歩」を始めました。先生の
物語散歩は文人ゆかりの場所を訪ねるというのではなく、「こ
の街の、この場所では、こんな物語があるよ」と紐解いて、
生徒に興味をもってもらい読書へと導くのが狙いです。高校
生が対象だから、あまり堅苦しくなく、文学にとどまらず口
碑や伝説、漫画、歌詞、落語など、硬軟とりまぜた話題を提
供しつつ、歩き回るという形になりました。「文学散歩」で
はなく、「物語散歩」としたのもそのためです。

　コースを作る時は、以下のことを考慮します。

・午前10時から午後1時頃までの時間で歩きまわれるよ
　うな行程であること。
・高校生にとって知名度の高い作家・作品に関する場所が
　あること。
・案内できるスポットがある程度まとまって存在し、それ
　らがあまり離れていないこと。
・国語に関する知的好奇心を深めることができること。
・作家や文学作品だけにとどまらず、広い意味での「物語」
　について触れられること。

　物語散歩は、年に3回、気候の良い季節に、強制ではな
く応募の参加です。旅行保険をかける最低条件の20人以上
で実行ですが、生徒より保護者に人気で、肝心の生徒が参加

作成：堀越正光 2018

できないこともあったとか。今は、生徒が参加なら保護者同伴もOKにしているそうです。本の作者は、取材のために必ずその舞台となる場所を歩きます。作者と同じ場所、同じ空気を味わうことで、本と町の一体感を味わうことができ、「読んでみようかなあ」という気にさせてくれます（私も早速、図書館で数冊借りました）。

ホームページにアップした、生徒と歩いた資料を宝島社の編集者が見つけ、「本にしませんか？」と声がかかり、先生著作の『東京「探見」』という本ができました。先生は、出来たての本を持って、千葉市の朝日新聞京葉支局に売り込みに行き、その本の記事が千葉版に掲載されました。その記事が東京総局長の目に留まり、連載コラムを書いてみないかと

声がかかりました。こうして、2006年9月から毎週1回、東京版の朝刊に、物語を、その舞台となった場所とともに紹介する「東京物語散歩」の連載が始まりました。

その時、先生が試しにやってみようとしたことが2つ。

・同じ著者の本は紹介しない

・著者が違っても、同じ場所は紹介しない

しかも、取材費は出ないので、交通費のかかる遠くには行けません。東京都内だけで、このふたつの条件をクリアして12年近くの連載。これって凄い数字です。同じ著者も同じ場所も書かない条件は、かなりのハードルの高さです。先生はどうやって本を探しあてているのでしょう？ 答えは、図書館にありました。

普段は忙しいため、情報を仕入れるのは夏休みなどの長期休みのウィークデイ。動きやすい服装で近くの市川市の図書館へ出かけます。「今日は、この棚！」と腹を決めたら、フロアに座り込んで、棚の本を1冊ずつ取り出し1頁毎にめくっていきます。まさにアナログ作業です。「大の大人がフロアに座り込んで本を貪る」その様を、思い描いただけで楽しくなります。本の帯があれば、それも重要な情報源です。舞台となった場所を歩いていて立ち寄る図書館で、偶然見つけることもあります。最近では、ちょっと目を通しただけで嗅ぎつける能力もついたとか。学校の司書の先生や卒業生なども、情報提供に協力してくれるそうです。

先生が図書館を利用するもうひとつの目的は、試験問題の

元になる素材文探しです。さすがに素材文探しを人に頼るわけにはいかず、人知れず棚に向かい文章を探します。良い題材に出会ったときは、「してやったり」の気分になります。人によって図書館の使い方って様々なのです。

朝日新聞の連載は東京版なので、残念ながら千葉在住の生徒は見る機会がありません。それでも司書の先生が、翌日コピーを図書室に貼り出してくれるそうです。連載に取りあげた場所の地図は、卒業生が作ってくれました。

生徒を連れての物語散歩について、始めたころと今の違いをお聞きしたら、コースのネタの密度が濃くなり、長く歩くことができなくなったとか。確かに吾妻橋近辺でも情報が溜まれば2時間の話ができるわけです。お店やタウン情報誌の方など知り合いも増えました。みんながつながっていくんですね。生徒のほうはといえば、明らかに体力が落ちていて、当初は1日コースの散歩でしたが、今は午前中で切り上げるそうです。本を読む機会は減り、軽い本しか手に取らなくなったと話していました。硬派の出版物が売れなくなった現象に通じます。

今回の散歩で、隅田川には、言問橋、吾妻橋、厩橋、両国橋など多くの橋が架かっていて、其々に趣が違うのも発見でした。厩橋は夜になると、ステンドグラスの灯りから馬の姿が浮き立ちます。墨田川に架かる橋が登場する小説は数多くあるけれど、蔵前橋が舞台となる小説はまだ見つからないそうです。もしご存知の方がいたら教えてあげてください。

⇒その後の追記

　2006年9月から始まった物語散歩は、2018年の終戦記念日に、468回で幕を閉じました。この連載から厳選した100話が『東京物語散歩100』として出版されました。

2) 向島百花園の御成座敷で、「江戸語り」

　向島百花園は、江戸の町人文化が開花した文化・文政期に、骨董商を営んでいた佐原鞠塢が、交遊のあった江戸の文人墨客の協力を得て造った花の咲く草木観賞を中心とした「民営の花園」で、唯一現代に残る江戸時代の花園です。

　今回は、時代小説や江戸の風俗についての本を糸口に語り合うイベントですが、お庭を楽しむだけでも良いとのことで参加しました。とはいえ、全く本に目を通さないのも気が引けて、「江戸文化」のキーワードをもとに図書館で幾つか探してみました。本を読まない私には初めての試みで、今更ながら恥ずかしい！　正直に告白すると、本を糸口に語る会は、何だか敷居が高くて今まで敬遠していたのです。

　皆さんが持ち寄った本は、『江戸の武士　仕事と暮らし大図鑑』、『地図で読み解く江戸・東京』、「歴史人」などの雑誌に始まり、司馬遼太郎や池波正太郎などの歴史小説、『北斎漫画を読む』や『江戸っ子は虫歯しらず？』などの気を引くタイトルの本など様々です。地域やキーワードを特定した雑誌の特集記事は、とても威力を発揮するのだと改めて感じました。今の学校で使われている小学校6年生の「社会」の

教科書を持ってきた方もいます。私は教科書の中身の内容より、本の裏表紙の文章にまず驚かされました。書かれていたのは、「この教科書は、環境に優しい再生紙と植物油を使用しています。……1冊印刷するにあたり58Whのグリーン電力を使用しています」に続き、「ユニバーサルデザインであること、無償で支給されているので大切に使いましょう」と書かれていて、社会環境がこれほど変わったのかと唖然としました。

　慌てて出かけたため「明治」以降の古地図を持参した方もいて、彼女は後日、『本所おけら長屋』、『地下鉄で読み解く江戸・東京』、『江戸切絵図散歩』、『剣客商売』などの本を紹介してくれました。『本所おけら長屋』はまさに墨田区が舞台で、様々な職業の老若男女がつつましく暮らす「本所おけら長屋」が舞台の笑いと涙の連作時代小説だそうです。

　『魔都江戸の都市計画』や『江戸から東京へ ～大都市TOKYOはいかにしてつくられたか？』などの都市計画に観点を置いた本の話から、江戸から明治以降の東京の道路事情の話で盛り上がりました。関東大震災のあと、東京の道路の区画整理に奔走した後藤新平が残したものに、行幸通りがあります。皇居前の和田倉門交差点から東京駅前の東京駅中央口交差点までを結ぶ特例都道は、関東大震災後の震災復興事業によってできた道路と知りました。政治家で医師でもあった後藤新平は、「人の生命と健康を守る」人間中心の機能をそなえた「都市づくり」をこのときすでに構想していたとか。

ちなみに、後藤新平によって設立された市政専門図書館は、日比谷公園内の後藤・安田記念東京都市研究所の中にあります。門構えは厳ついけど、誰でも自由に入り閲覧やコピーができます。貴重資料満載の専門図書館です。

　本の紹介をしながら、あっちこっちに脱線して見えてきたことは、江戸は当時世界でも1，2を争う大都市だったにもかかわらず、とても清潔な街だったこと。古紙回収にしても、紙の種類ごとに回収されるリサイクル社会が確立していました。しかも、お上に頼った政策ではなく、基本は自治社会で、街を清掃する人はそれぞれの自治で雇っていたそうです。今よりもずっと Public な世界だったのです。識字率もとても高く、民間の寺小屋が大きく貢献していました。日本の識字率が高いのは戦後の政策のおかげと思っていたのですが、大きな勘違いでした。

　江戸時代の書物から、人々の暮らしぶりや文化の高さが伺えます。野菜売りの絵ひとつにしても、「豆売り」、「豆腐売り」、「水売り」と、職業も随分と細分化されていて、それでいて生活が成り立っていたのだから、今よりずっと豊かな生活だったのかもしれません。参加者の中には、ご先祖様が向島百花園の前のお屋敷の持ち主という方がいました。

　江戸時代にタイムスリップしたかと思えば、墨田区の北斎美術館の話まで出て、とても楽しい時間を過ごすことができました。皆さんの博識に終始目を白黒させ、人と関わりながら知識を得る楽しみを味わいました。

3.3 つるがしまどこでもまちライブラリー

つるがしまどこでもまちライブラリー@鶴ヶ島市役所（以下、「@鶴ヶ島市役所」）のオーナーは、砂生絵里奈氏。2013年の日本図書館協会主催のステップアップ研修で知り合った市役所の職員です。当時、他の部署に配属されていた彼女が、図書館の仕事に戻れたのは2年前の2011年です。やりたいことがたくさんあった彼女に課せられたのは、指定管理者制度導入の検討でした。

一方、市役所1階のリニューアルを考えていた市長は、並行して、市役所の受付に本棚のあるスペースを考えるように提案してきたのです。折しも、市長も砂生氏も、偶然にも時を同じくして礒井純充氏のまちライブラリーの本を読んでいました。概念は何となく理解できたもののイメージが掴めなかった頃、2015年11月に情報ステーション主催の船橋みらい大学にて、まちライブラリーの話を聴く機会がありました。もっと詳しく知りたいと、翌週、まちライブラリー主催者から直接話を伺いました。それまでは‘お荷物’を背負わされたと思っていたけれど、一気に霧が晴れたと言います。この‘ゆるやかさ’ならやれると、直ぐに行動を起こし礒井氏に連絡しました。そしてまた礒井氏のリアクションも早く、12月には鶴ヶ島に足を運び、市民も含めた関係者への説明会を開きました。

こうして、市役所の受付の横に、飲食可能な椅子と机が置かれ、本棚が設けられ、@鶴ヶ島市役所がオープンしました。

第1回植本祭（開館）が2016年1月23日、消しゴムはんこイベントが2月27日に行われ、市長からのトップダウンでとんとん拍子に事が運んだように思えますが、やはりいろいろな苦労をされています。

　@鶴ヶ島市役所の本は、寄贈者が他の方にその本を薦める感想メッセージを書いていただくのを条件に寄贈を受けています。自宅にある不要な本を引き取るわけではないのです。ハードルが高いようにみえますが、まちライブラリーでは、自分が「よかった」と思った本を他の方に薦めるところから始まります。

　そして、本を手に取った方が、また本の感想を書いてつながっていくのです。'みんなの感想カード'と呼ばれるグッズは、まちライブラリー事務局で売られています。@鶴ヶ島市役所では、礒井氏了解のもと、市民でイラストレーターのフルタハナコ氏がオリジナルの感想カードを作ってくれました。子育て真最中のフルタ氏は、「つるがしまどこでもまちライブラリー」のロゴマークも作ってくださった強力なサポーターで、読書会も企画中です。それは、若いお母さんが読書会に参加している間、シルバーエイジの参加者がお子さんを見守る「ヤングママとシルバーエイジのための読書会」。シルバーエイジには'昔取った杵柄'を発揮してもらい、イベントを通じた世代間交流に期待が高まります。

　鶴ヶ島市立図書館は、2016年4月から指定管理者に運営が任されました。指定管理者募集の仕様書には、「『つるが

しまどこでもまちライブラリー』は、教育委員会主導の元、指定管理者と連携して取り組む」という一文が組み込まれていました。そして、図書館から離れた砂生氏は、教育委員会生涯学習スポーツ課に異動となり、指定管理者のモニタリングが新たな仕事となりました。同時に、@鶴ヶ島市役所のオーナーを引き継ぎました。彼女の名刺の裏には、@鶴ヶ島市役所オーナーの他に、認定司書と独立系図書館司書の肩書きがあります。「私が退職したらどうなるのかしら？」と笑いながら話してくれた砂生氏の今後の目標は、本を媒体にイベントを行いながら、まちライブラリーを市内の商店街などに広めていくことです。その先に目指すは、まちの活性化です。

そのためには予算や人材確保などの課題もあります。今までならつい力が入ってしまうところですが、まちライブラリーは、「ゆるやかに人が集い、つながりが生まれる」活動です。仕事で自分を追い込んだ時は、「ゆるっと脱力！」を気にかけるようになりました。@鶴ヶ島市役所の存在は、彼女の仕事のスタイルにも大きな影響を与えていました。

効率重視の世界に、人とのつながりを求めて、まちライブラリーに夢を託す人がいます。公共図書館とまちライブラリー．それぞれの役目は何なのか。まちライブラリーは、人の生き様も含めて、人とのつながりを考えるきっかけとなりました。

⇒その後の追記

現在、つるがしまどこでもまちライブラリーは、市内6か所に設置されています。内訳は、公共施設が3か所、民間が3か所で、お互いのイベントに協力するなど、まちライブラリー同士の交流もあります。2017年11月には、日本初のまちライブラリー@議会図書室も開設されました。

ゆるやかな広がりを見せている、つるがしまどこでもまちライブラリーに今後も期待しています。

ハンモックタイム

〈びっくり仰天、
　インターネット蔵書検索が知らないまちへワープ〉

笑い事ではない話ですが、とんでもない失敗をしでかしました。インターネット蔵書検索をリリースした翌日の早朝、館長から、「昨日は気づかへんかったけど、インターネットの使い方ボタンをクリックすると、他のまちの図書が検索されるんですわ」と電話がかかってきたのです。そんな、ばかな！電話を片手に状況を確認すると、別のまちへワープします。あまりの離れ業に、耳元の館長の存在も忘れ、思わず吹き出してしまいました。「まあ、それでもいいんですけど…」と館長。「いえいえ、とんでもありません。直ぐになおさせます」と私。SEに連絡したら、彼曰く「あっ！」。一般の方が目にする前に修正ができたものの、館長の人柄に救われた事件でした。

4　つながる図書館のさき：専門図書館の紹介

　専門図書館とは、民間企業、各種団体、官庁、地方議会、大学、調査研究機関等で設置する図書館や資料室を言います。専門図書館協議会が設立されたのは 1952 年とのこと。最近は建築関係のお店や園芸のお店などに、その分野に特化した本を並べる「まちかど本屋」が流行しています。資料費がままならぬ昨今、公共図書館が、特定のテーマを深堀りして資料収集する専門図書館と連携し、利用者まで資料・情報を届ける工夫があっても良いのではと思い、一般公開されている専門図書館を紹介します。（順不同）

▽ JETRO 日本貿易振興機構ビジネスライブラリー
　世界約 70 か所に及ぶネットワークから入手した各国の経済、産業、統計、貿易・投資実務などに関する情報を国・地域別、産業別、テーマ別に整理して提供する国際ビジネスの情報源でビジネス支援には不可欠。小さな図書館では入手できない高額資料もあり、アジア経済研究所図書館、大阪と横断検索できるのも強み。
＊注（ジェトロ・ビジネスライブフリー（東京）は、2018年 2 月末日に閉館しました）

▽（一財）機械振興協会　BIC ライブラリ

　（http://www.jspmi.or.jp/biclibrary/）

　機械産業を中心としたビジネス情報の提供と、ビジネス支援、産学官連携アドバイザーへの受付窓口。機械情報産業に関する情報データベースを無償提供。ビジネス情報搭載の電子ライブラリあり。

▽（一財）国際医学情報センター　IMIC ライブラリー

　（http://www.imic.or.jp/library/）

　米国国立がん研究所（National Cancer Institute：NCI）のがん情報の患者向け情報へのリンク、国内の医学・薬学分野の学会・研究会について、学会開催案内、会議録、学会・研究会総覧の３つのデータベースから検索が可能。

▽（一財）日本医薬情報センター附属図書館

　（http://www.japic.or.jp/service/library/）

　国内の医薬文献情報と医薬品添付文書情報を基本に各種データベースを作成。

　「医薬文献情報」「医療用医薬品添付文書情報」「一般用医薬品添付文書情報」「日本の新薬」「医薬品類似名検索」「効能効果の対応標準病名」などのデータベースは、無料検索可能。

▽内藤記念くすり博物館

　(http://www.eisai.co.jp/museum/index.html)

　製薬会社が公開する図書館。「人と薬の歴史」や「薬草に親しむ」などホームページが充実。薬用植物の検索や薬用植物一覧も見られる。

▽（独）宇宙航空研究開発機構（JAXA）本社図書館

　(http://www.isas.jaxa.jp/biblio/)

　宇宙のことなら何でも。JAXA のホームページ（http://www.jaxa.jp/）からは、教育関係、キッズ向けなどの案内へもたどり着ける。

▽（一財）運輸総合研究所　図書室

　(http://www.jterc.or.jp/inforlib/index.htm)

　交通運輸に関する国内外の図書約 37,300 冊、雑誌等約13,000 冊（点）を保有。

▽（独）国立女性教育会館　女性教育情報センター

　(http://www.nwec.jp/facility/center/html)

　男女共同参画及び女性・家庭・家族に関する専門図書館。

▽（福）恩賜財団母子愛育会　日本子ども家庭総合研究所

　(http://www.aiiku.or.jp/aiiku/b1f/)

　子ども家庭福祉及び母子保健関連の図書・雑誌・資料・研

究紀要等を収集。乳幼児の保護者、妊産婦のための、子ども
や育児不安に関する PDF のダウンロードも可能。

▽（公財）味の素食の文化センター
（http://www.syokubunka.or.jp/library/）
　1989 年以降の食文化やその周辺分野の書籍、雑誌等を所
蔵する食の専門図書館。江戸〜昭和の料理書や、食関連の
DVD・VHS も。江戸の食文化から、ロブションなど有名シェ
フの料理、話題の映画やドキュメンタリーなども所蔵。登録
すれば貸出も可能。

▽（公財）矯正協会　矯正図書館
（http://www.jca-library.jp/）
　犯罪者・非行少年の処遇や犯罪の予防に関わる分野を中心
にした、国内唯一の刑事政策・矯正の専門図書館。

▽（公財）後藤・安田記念東京都市研究所　市政専門図書館
（https://www.timr.or.jp/library/）
　都市問題・地方自治に関する専門図書館。戦前期の都市計
画地図や昭和三陸津波に関する資料などの画像はデジタル
アーカイブスとして公開。関東大震災や町内会などの特定
テーマや、大森文書、後藤新平文書など特殊コレクションの
目録も。

▽（公社）全国市有物件災害共済会　防災専門図書館

　（http://www.city-net.or.jp/library/）

　防災、災害等に関する資料の収集とその活用・発信を通じ
て、住民のセーフティネットとして貢献する専門図書館。災
害に関する資料約14万冊を独自分類で整理。

▽国土交通省ハザードマップポータルサイト

　（http://disapotal.gsi.go.jp/viewer/index.html?code=4）

　土砂災害、津波、高潮、火山などの自然災害のハザードマッ
プを公開。

▽（公財）紙の博物館

　（http://www.papermuseum.jp/）

　和紙・洋紙を問わず、古今東西の紙に関する資料を幅広く
収集・保存・展示。紙の歴史をたどり、現在を知り、未来を
考える世界有数の紙の総合博物館。

▽アド・ミュージアム東京

　（http://www.admt.jp/）

　広告とマーケティングの資料館。江戸時代の錦絵から最新
のTVCMまで、約20万点を超える広告資料をデジタル化し、
館内展示に活用するほか、Webでも閲覧可能。

▽アメリカンセンター（米国大使館）

（http://americancenterjapan.com/）

　アメリカに関するレファレンスと図書利用が可能。公共図書館等にむけて、アメリカンスペースというサービスがあり、くまもと森都心プラザ図書館では2014年から実施。

※アメリカンスペースとは、各地の図書館・公共施設に場所（アメリカンコーナー）または本棚（アメリカンシェルフ）を設置し、日本では手に入りにくいアメリカに関する本や資料を寄贈、それらの資料を通じて文化交流を図る米国務省、米国大使館広報・文化交流部のプロジェクト。

▽（公財）日本交通公社　旅の図書館

（https://www.jtb.or.jp/library）

　観光関連の学術誌や観光統計資料の他、古書・稀覯書、ガイドブック、時刻表、機内誌、観光研究の専門図書、財団の刊行物・出版物など観光研究の参考に資する図書をとりそろえた専門図書館。旬なテーマに詳しいゲストスピーカーと気軽に研究交流を行う「たびとしょCafe」を定期的に開催。

　以下は、Web公開はなく、直接出向かないと見られませんが、公共図書館では揃えられないコレクションです。

▽（一財）石川武美記念図書館

（http://www.ochato.or.jp/index.html）

主婦の友社の創業者・石川武美氏によって設立。近現代の日本の女性雑誌を蔵書の核とする「近代女性雑誌ライブラリー」部門と、成簣堂文庫・竹柏園本・武藤本を所蔵する「成簣堂文庫」部門の2部門から成り、近代女性雑誌ライブラリーは蔵書リストを公開。

▽（公財）松竹大谷図書館
（http://www.shochiku.co.jp/shochiku-otani-toshokan/）
　演劇（歌舞伎・文楽・新派・新劇・商業演劇を主に）、映画、日本舞踊、テレビ等に関する台本・文献・雑誌・写真・プログラム・ポスター等の資料を収蔵。約300年前の浄瑠璃正本や、阿国歌舞伎の様子を伝える貴重な資料「かふきのさうし」（非公開）をはじめ、市販されていない演劇台本・映画シナリオ等も多い。資金集めにクラウドファンディング利用でも注目。

▽凸版印刷（株）　印刷博物館ライブラリー
（http://www.printing-museum.org/floorplan/library/）
　収集分野は印刷全般、出版、広告、文字、活字、アート＆デザイン、版画、インキ、紙、製本、書誌学、印刷物関連、展示資料関連、社史・団体史など。講座も充実で、印刷の体験も可能。

⇒その後の追記

　機械振興協会の BIC ライブラリと市政専門図書館の横断検索がきっかけで、専門図書館の横断検索「ディープ・ライブラリープロジェクト」が実現しました。2018 年現在 100 館を越す専門図書館の横断検索が可能です。まずは、そのスピードを体感してみてください。

横断検索「ディープ・ライブラリープロジェクト」トップページ

第**2**章
SE の図書館見聞録

　Web コラムを書くために、図書館関係者と多くの図書館
を巡りました。訪問した図書館は 50 館を越します。その他
にも個人で伺った図書館もあれば、セミナーや図書館大会に
もできるだけ参加させていただき、記事にしました。地方の
方は、セミナーに参加したくても、旅費や休暇が負担になっ
て中々参加することができません。時間にもゆとりのある私
の視点でも、お伝えできるものがあるのではと思ったからで
した。でも、如何せん能力不足で記事にできなかったものも
あります。

　この章では、特に気になった Web コラムを、大きく 3 つ
のグループに分けました。正直これが一番さ゛い作業でした。
なぜって、図書館に優劣はなく、どの図書館も身の丈に合っ
たサービスをされているからです。

（1）変わりゆく図書館

　図書館は成長する有機体です。Web コラムを書き始めてわずか数年ですが、取材時とはサービスが大きく変わった図書館があります。また、取材時に既に紆余曲折を経験した図書館もあります。そんな図書館をまとめてみました。

（2）まちへの愛をかたちにする

　図書館のサービスは自治体によって異なります。その地域の環境や利用者が図書館を作っているからです。そのまちへの愛を肌で感じた、気になった図書館のサービスをまとめてみました。

（3）小さなまちの大きなサービス

　小さな村や町では、図書館の予算はそんなに多くありません。でも、それぞれに合った素敵な活動をしている図書館は、たくさんあります。普段は埋もれてしまいそうな小さな図書館のサービスにスポットを当ててみました。大きな組織で動いている図書館職員には羨ましく思える一面もあるのではないでしょうか。

1 変わりゆく図書館

1.1 指定管理から直営へ：小郡市立図書館（福岡県）

学校連携や、指定管理者から直営に戻った図書館として全国的に有名な図書館です。その実績は、私の言葉より永利和則館長（当時）の書かれたものを読まれた方が伝わると思い、いくつか資料を紹介します。館長自身が指定管理者にも関わっていたので、いろいろな視点から問題点や課題も伝わってきます。そして、学校連携にとどまらず、介護保険課や健康課など図書館から飛び出した他部署との連携には、きっとどの町にも使えるヒントが隠されていると思います。

①小郡市の指定管理者制度について

・「指定管理者から直営へ移行した図書館長の図書館運営私論～小郡市立図書館の事例から～」『図書館雑誌』2011年7月号，p.434～p.437.

・「指定管理者から直営へ～その変化と課題」『指定管理者制度のいま～指定管理者制度連続学習会 記録集～』図書館問題研究会神奈川支部 2013年，p.12～p.30.

②公共図書館と学校の連携・支援について

・「公共図書館の学校支援～小郡市の実践からの検証～」『図書館評論』2012年，第53号，p.1～p.12.

・「小郡市における「家読」推進事業からの一考察」『図書

館評論』2013 年，第 54 号，p.53 ～ p.64.

　ホームページの'図書館のとりくみ'下には図書館要覧や
25 周年記念冊子もあります。日本図書館研究会発行の「図
書館界」5 月号 (Vol.66 No.1) に 2013 年度図書館学セミナー
の特集が出ていて、その中の p.21 から p.29 まで「九州地
区の経験から～福岡県内と小郡市を中心に～」と題して、
1980 年代以降の福岡県内の図書館と小郡市立図書館の運営
形態の変遷について館長がまとめた文章が載っています。こ
ちらも参考にしてみてください。

1.2　双極の図書館比較：伊万里市民図書館と武雄市図書館（佐賀県）

　まず、一番大きな違いは図書館の設立にあります。「図書
館はそもそも誰のためにあるのか？」伊万里市民図書館は、
設計段階から、「伊万里をつくり市民とともにそだつ市民の
図書館」を旗印に、建築施工者、図書館、市民のトライアン
グルで、多くのプロセスの中で育てられていきました。ボラ
ンティア団体が「ミシンをかける部屋が欲しい。アイロンを
かけるためにはコンセントがいっぱい必要」と訴えれば、そ
れを実現した図書館なのです。

　人口 5 万 7 千人の伊万里市に、図書館をサポートする市
民活動団体「図書館フレンズいまり」には、400 名近い方が
登録され、図書館をバックアップしています。図書館の周り
の草刈りから読み聞かせや布絵本制作など、それらが独立し

て自発的におこなわれている「ボトムアップ」方式の図書館です。1994年の起工式の日、敷地をみんなで歩いた後にぜんざいを食べました。今もその日を「芽生えの日」とし300食のぜんざいが振舞われています。伺った日、テラスでお年寄りと若者が囲碁をしていて、それをまた数人のお年寄りと若者が見守っていました。日常的に住民が利用する滞在型の図書館でした。

　一方の武雄市図書館は、「トップダウン」方式の図書館です。樋渡啓祐市長（当時）は高校まで武雄市で過ごされ、伊万里市と人口もほぼ同じ武雄市に市長として戻ってきました。夕方午後5時には閉館する図書館に疑問をもち、市長として奮闘し、武雄市図書館は2013年4月にTSUTAYAを運営するCCCを指定管理者として開館しました。今も全国からの視察が絶えず、図書館は観光名所としての経済効果に十分一役買っています。その経緯は樋渡啓祐著『沸騰！図書館』にまとめられています。

　伊万里市民図書館は、毎週月曜日、祝日などの休館日があり、開館時間も金曜日以外は午前10時〜午後6時までの従来型の図書館です。それに比べ、武雄市図書館は年中無休、午前9時〜午後9時まで開館しています。武雄市に住む私の友達は、図書館を、「ちょっとおしゃれして家族で半日過ごせる場所」と話していました。今まで図書館を利用したことはなかったそうですが、夕食を終えて、くつろぎながらコーヒー片手に本をよむために図書館を利用するとのことで

した。参加者の中にも、「ここでゆっくりくつろぎたい」と言わしめたほど、図書館を利用していなかった層を発掘しているのもまた事実のようです。

　図書館は単に本を借りる場所から、公共性や経済効果など地域のニーズをうまく取り入れて、変わろうとしています。このふたつの図書館に、その到達方法の違いを見た気がしました。

　ただ、一同がとても残念がったのは武雄市郷土資料館（蘭学館）の扱いでした。蘭学館には、江戸後期の佐賀藩近代化の礎になった鍋島藩武雄領の蘭学資料が常設されていましたが、来場者が少ないことを考慮して、その場所は TSUTAYA の CD、ビデオコーナーへと替わったのでした。資料の活用を望む声が参加者の中にもありました。

　対照的に、伊万里市民図書館の郷土研究室の前に無造作に貼られていたのは、1930 年伊万里町図書館の標語でした。

　一. 真の文化は、図書館を背景とす
　一. 覚めざる者は、図書館を解せず
　一. 一日読まざれば、一日遅る
　一. 無智は、読まざる報いなり
　一. 一日一頁あなどり難し

　私は、このふたつの図書館の違いを、この標語に見た気がしました。

元伊万里市民図書館長だった犬塚まゆみ氏は、「市民は風、図書館は帆、行政は船」と例えました。

　どの図書館も、その生い立ちや歴史があり、抱える問題も違い、首長の采配で対処も変わります。その中で図書館がどうやって利用され、利用者とどうやって繋がっていくのか。その答えは、伊万里にも武雄にもなく、実際に暮らす'その町'にしかないのではと感じたツアーでした。

⇒その後の追記

　2018年6月に再び武雄市図書館を訪れました。2017年10月に子ども図書館ができ、レイアウトが大きく変わっていました。CDやビデオコーナーは撤去され、ビジネス・経済の本に囲まれた50席に変わり、パソコンを持ち込んで作業する方の姿がありました。館長の話では、高校を卒業すると地元を離れる若者に、パソコン1台あれば故郷でも仕事はできる、そんな姿を見てほしい意図もあるとのこと。

　この場所は、音楽会や映画会の会場としても利用されているそうです。かつての子どもコーナーは、スターバックスに隣接する新たな50席と、「私たちの武雄（こども歴史コーナー）」になっていました。そして、館内2か所ですが撮影OKの場所ができていました。子ども図書館は親御さんの要望も多く、館内撮影OK。新しくできた駐車場は、ほとんどが軽自動車用。市内の軽自動車の保有率を考慮して作られたそうです。

武雄を訪れた翌日、諫早市立諫早図書館にお邪魔しました。カウンターの前は、「初めて出会う絵本バッグ」や「スポーツの本（熱くて、面白くて、感動する）」など、司書の方が工夫したコーナーでにぎわっていました。アルコールのにおいをプンプンさせた方が館長に、「このくらいの本は、この図書館に置いていてほしい」と専門書を持ってきます。「訪れる人には、それまでの人生のプロセスがある」。利用者の人生のプロセスにも寄り添いたいと話す相良裕館長の言葉に、「図書館は地域が育てるもの」の意味を改めて感じました。

1.3　ビジネス支援で顧客を開拓：札幌市中央図書館 （北海道）

札幌市中央図書館は、札幌市の中心部にあるのではありません。数年前の改修で、郊外にあるのを逆手に取り、フォレスト（森）をアピールすべく、木材をふんだんに使った図書館へと変身しました。突然の訪問にもかかわらず、知人の淺野隆夫氏が案内してくださいました。

図書館に入ってすぐの木材で囲まれた電子書籍コーナー‘デジタル本の森’には、市民の皆さんの目にできるだけ触れるようにと、電子書籍を読めるタブレット端末4台とパソコン2台、子どもも使える大型ディスプレイが配置されています。ビジネス支援コーナーでは、2018年秋に札幌時計台近くにオープン予定の図書・情報館を意識した実験を繰り広げていました。職業案内ガイドブック、資格取得やキャリア

アップのためのテキストなど仕事に役立つ情報のほかに、金融や法律などに関する各種関連機関と連携したパンフレットも配架されています。IC チップ搭載の棚では、本の動きを調査していました。「職場のトラブル対処法」など人間関係やコミュニケーション関係の本が、意外にも動いているそうです。人には今更聞けない「インバウンド」、「フェアトレード」、「クラウドファンディング」などの A4 裏表の情報ガイド（ミニパスファインダー）も司書の方々が作成していました。確かに、知っているようで実は…という言葉です。

　図書館の会議室では、各種団体とコラボしたセミナーが開かれています。訪問直後の共催セミナー「女性起業者向けセミナー」では、定員 20 名のところ 35 名の方々が参加。しかも図書館来館経験者はたった 2 名という快挙でした。このセミナーも、図書館員が直接足を運び、コラボを要請して実現しました。まさに、一昔前の「足で稼ぐ営業」です。図書館をまだ知らない人たちを発掘するために、手を変え、品を変え「制限をつくらず、来訪者が面白がって、何らかのアクションが起こせるような環境ができたら！ そのためにできることが、たくさんありそう」と、淺野氏をはじめ図書館の奮闘は続きます。

　特記したいのは、闇雲に動き回る営業だけではないのです。予算交渉でも抜群の能力を発揮します。でなければ、自治体予算が厳しい中、改修費や連携費用など図書館に関わる予算なんて簡単にはつきません。この交渉力は見習うべきです。

予算獲得のための研修が、図書館の司書向けにあってもいいのでは、と思ったりしました。

⇒その後の追記

　札幌市図書・情報館は 2018 年 10 月にオープンします。ちょうどこの本が出版される頃です。市内の一番賑やかな場所に、ビジネス支援、子育て支援、気軽に寄れる賑わいを創出する空間です。機会を見つけて伺ってみたいなあと思っています。

1.4　さばえライブラリーカフェとえきライブラリー
　　　：鯖江市図書館（福井県）

　鯖江市はメガネの町で有名です。

　ライブラリーカフェに行こうと思いながら 1 年が過ぎ、やっと念願かなって友達と伺ってきました。

　ライブラリーカフェにとどまらず、素敵な活動を目にすることができました。

1)　鯖江市図書館ライブラリーカフェ（以下、「カフェ」）

　カフェが生まれるまでの経緯を、図書館と協働で行っている「さばえ図書館友の会」について、さばえ図書館友の会の岡田一司氏とほか数名の方々から伺いました。

　鯖江市図書館は、1997 年 12 月に鯖江市文化の館として開館しました。当時、「不要の箱物」として批判され、市長

選の争点にさえなりました。指定管理者推進派の市長が当選し、図書費・正規採用職員の削減・通年開館を唱え、従来は休館日だった月曜日の開館業務をNPO職員に託しました。司書の前壽則氏は2000年に文化センターへ、2001年には早苗忍氏も教育委員会へ異動し、図書館は貸出中心の機能に留まってしまいました。

　一方、ボランティアのさばえ図書館友の会(以下、「友の会」)は、1988年に、図書館を支援する市民活動を目的として発足しました（当時は30〜40名ほどの会員でしたが、現在230名の会員が、市から補助なしの自主運営をしています）。図書館運営の一部がNPO職員に託された時期は、「市民に開かれた市による直営の図書館」を求める友の会に対して、

市や教育委員会の対応は好意的ではなく、当時、友の会の事務局長だった岡田氏は、「冬の時代を耐えていた」と話してくださいました。

2004年に市長のリコール運動が起き、新しい市長が当選し、市政全般が見直されました。2004年11月末の異動で、前氏と早苗氏のふたりが図書館へ戻ってきました。友の会の方々から掛けられた「おかえり！」の声が、ふたりの復帰をどれほど待ち望んでいたかを示していました。変わり果てた図書館を目の当たりにし、「市民とともに市民に開かれた」新たな図書館づくりが始まりました。きっかけは、NHKラジオで放送されたロンドンのサイエンスカフェでした。図書館の職員に「出勤簿がいるんじゃないの？」といわれるほど図書館漬けの生活をしていた友の会の岡田氏から、ロンドンのサイエンスカフェのような市民の知的要求に応える場を作りたいと提案があったのです。予算は当然ありません。前氏の「謝礼等の工面はつくか？」の問いに、早苗氏が「何とかなります」と即答して、ライブラリーカフェが生まれました。

カフェは、友の会と図書館（市）の協働で運営され、毎月1回図書館に併設された喫茶室で、図書館閉館後の午後7時から開催されます。毎回のテーマは、実行委員会で決め、テーマに沿った講師をお願いします。テーマをよりよく理解するために、館内には次回のテーマ本の展示コーナーが設けられていて、事前に知識を深める工夫がされています。講師謝礼は基本的には1回1万円を鯖江市と友の会で折半負担です。

最初は、少ない謝礼で講師の方に来ていただけるかとても不安だったそうですが、今では半年先まで講師が埋まっているほどの盛況ぶりです。カフェは事前に参加を募りません。利用者が固定化するのを回避したかったのです。実際に運営してみると、常連は全体の1/3にとどまり、テーマによって性別も年齢も参加人数も変わります。1時間の講義の後の15分のコーヒータイムにはケーキが付きます。天気とテーマに左右されながら、毎回その数を読むのが一苦労だそうです。

私たちが伺ったときのテーマは、福井大学の川上洋司氏による「暮らしを支え、豊かにする交通まちづくり」でした。地方では車がないと、生活がとても不便です。だから、高齢者になっても運転免許証を返上するドライバーは少なく、高齢者の交通事故が問題になっています。車を使って自分の都合に合わせて生活するのではなく、自治体が運行するコミュニティバスなどの公共交通サービスに合わせた生活スタイルを考えるという、住民の意識改革についての話でした。

参加人数の読みは40人、実際には46人の参加でした。テーマによって参加者や人数が変わるのも楽しみになってきたと、事務局の方が話してくれました。15分のカフェタイムのあとに、質問タイムが45分あります。長すぎるのでは？と思ったものの、最初から何人もの人が手をあげ、熱心な質問が続き、時間が足りないほどでした。図書館には、前氏の頃から、ずっと大事にしていた姿勢があります。それは、「なにびとも排斥しない」こころです。どんな質問をしても排斥

しない文化が、カフェにも根付いているのです。

　特筆すべきは、毎回終わった後に、事務局が「カフェの窓」と題して、内容を記録に残し、次回参加する方々に配布します。会員にも「友の会たより」という会員便りで知らせます。これも立派な地域資料になります。

　2017年9月で150回を迎えるカフェですが、他の図書館で同じような催しができるかと質問したら、友の会の岡田氏は、以下の2つの条件を挙げてくださいました。

・図書館の職員の資質
・ボランティアに想いがあるかどうか

　カフェは、図書館と友の会の「協働」の成果です。友の会は経済的に独立していて、行政に左右されることはありません。市（図書館側）も、友の会を含むボランティア団体を下請け団体として捉えずに、各団体の特性に応じて柔軟に対応しているのです。ボランティアの皆さんは館長室に自由に出入りし、前任の館長である宇野徳行氏もカフェに顔を出してくださる、そんな素敵な関係がありました。「協働」の想いは、市民の皆さんにも通じていることを、閉館後にお話しした市民の方からいただいたメールで感じることができました。

　以下、カフェのときに出会った鯖江市在住の一般利用者からいただいたメールの一部を紹介します。

　　初ライブラリーカフェは如何でしたでしょうか？
　　私は司書ではなく、一般の利用者なのですが、ライブ

ラリーカフェが好きで毎月楽しみにしています。読書は知識を増やしてくれますが、ライブラリーカフェは講師の方と参加者の知恵と豊かさを分けてくれる感じがします。

図書館にはそれぞれ地方色が出ると思うのですが、鯖江市図書館の特色は市民参加型の図書館であることと、おもてなしの精神だと思います。

職員の方、ひとりひとりが担当している分野に本当に熱心に取り組んでおられます。

カフェの他にも、読み聞かせや、園児を対象にした「本との素敵な出会い」、大人を対象にした「絵本を読み深める会」など、幅の広い年齢層に本の素晴らしさ、図書館の魅力を伝えています。

最後に、友の会の課題を伺いました。事務局含め会員の高齢化は進んでいて、平均年齢は70歳とか。30代、40代の若い方々にどうやって繋いでいくかが課題と返ってきました。「文化」が引き継がれていく大切さと、「絶やさない」重みを感じました。

⇒その後の追記

さばえライブラリーカフェは2017年9月に開催150回を迎え、「さばえライブラリーカフェ150回記念誌」を発行し、後日送ってくださいました。貴重な郷土資料です。

2) えきライブラリー tetote

かつて、JR鯖江駅の2階は、駅の上にも関わらず、30年近くテナントが入らず空き家でした。

2013年、市が「鯖江の市長をしてみませんか？」と活性化プランを募集し、東京の学生による「駅の2階の空きスペースを有効活用し、まちづくりにつなげる」提案が最優秀賞となりました。

学生の提案の実現に、「まちライブラリーをイメージした図書館の分館にしては？」と、まず図書館に打診がありました。分館となると、人件費の確保もあってすぐには動けませ

ん。図書館で協力できる着地点を模索しているところへ、市内で障がい者等が関わるコミュニティ・カフェを運営するNPO法人「小さな種・こころ」と、市民の文化活動を手がけるNPO法人「Comfort さばえ」のふたつのNPO団体が協働した、カフェとライブハウスと図書館機能を持つ公共施設「えきライブラリーtetote（以下、「えきライブラリー」）」が実現しました。

さらに、2014年3月には市民協働パイロット事業にえきライブラリーが指定されることになり、鯖江市が積極的に支援することになりました。

えきライブラリーの運営は、障がい者の雇用促進を目指すNPO法人「小さな種・こころ」が、午前〜夕方にかけて喫茶と本の貸出し業務を担当。市民の文化活動を手がけるNPO法人「Comfort さばえ」は、喫茶終了後の夜のライブやワークスペースなどを担当します。図書館は、本の提供と3か月に1回の入れ替え、配送の一部を担当し、それぞれのノウハウを生かし連携して「まちの賑わい」を目指しました。

内装は市の建築営繕課が担当することになりました。早苗氏は大阪府立大学のまちライブラリーの写真を見せて、建築営繕課の方々にイメージを膨らませてもらいました。かつて数年間図書館を離れていた間に培った人間関係がフル活用されることになったのです。返却ボックスも本棚も全て手作り。こうしてブラウンを基調にした素敵な空間が出来上がりました。

えきライブラリーは現在800冊ほどの本を、年に4回図書館で入れ替えをしています。図書の貸出は、貸出用の3台のハンディターミナルを週に3度回収しています。「本がなくなる、汚れる」などの不安も杞憂で、絵本の貸出も増えたそうです。喫茶室にはWebOPAC専用のパソコン端末も1台あり、図書館の本を検索したり、予約をすることもできます。さらに、図書館への来館が困難な高齢者の方の要望で、予約した本の受取館としても利用できるようになり、鯖江市図書館の分館的役割を担うまで進化しました。知恵を出し合い、利用者も巻き込んで、協力し合いながらの成果です。

実際に、とても居心地の良い空間で、ミックスジュースはスムージーのように濃厚でした。もうひとつ図書館がこだわったのは、駅を利用する学生が、何も頼まなくても勉強できる場所を確保することでした。夜はステージになる一段高くなった場所は、そんな学生のための空間で、伺った日も、高校生が勉強にいそしんでいました。

図書館の取組みは、それ以外にもあります。

ＩＴのまちの図書館として、株式会社カーリルと共同開発したアプリケーション「さばとマップ」は、Googleマップのように、図書館内の現在地と検索図書の場所を表示するサービスです。

学校図書館支援センターは、鯖江の子どもたちの豊かな心を育もうと、図書購入の予算が少ない学校図書館を支援し、

朝読の図書の巡回配送から始まりました。

　図書館職員が学校図書館へ出向いたり、教科関連の本を必要に応じて団体貸出、配送、ときには授業内での本の紹介まで図書館が行っています。こちらも学校との協働で進化を続けています。

　元館長の前氏は、講演を依頼されると、「お金がない、理解がない、できないなどと、馬鹿なことを言うな」ということばかり話していたそうです。「僕の時には、誰も見学に来てくれなかったけど…」と語っていましたが、その精神が更に、宇野氏から早苗氏へと受け継がれ、浸透して、今の図書館があるのを肌で感じました。設備もしかりで、ほかの図書館が使わなくなった書棚や書見台をもらい受け、鯖江市図書館で第二の人生を送っています。「無理です」の代わりに、できることを考え、知恵を出し合う。そして浸透してきたところで予算化してもらう、そんな柔軟な「したたかさ」も感じました。

1.5　劇的 Before → After：佐世保市立図書館（長崎県）

　佐世保市立図書館（以下、「図書館」）は、クジラをイメージして設計された図書館で、2年ほど前に伺ったことがあります。2017年12月は、二度目の訪問でした。皆さんの中には、新しく建設された図書館でなければ新しいことはできないと思っていらっしゃる方もいるのではないでしょうか？　今回は、図書館の素敵な変身ぶりを紹介します。

1) 図書館の Before → After

　2年前に伺ったときと今回の違いを、Before → After で少し紹介します。

▽地元作家コーナーと図書館入口

<Before> 図書館の1階は駐車場です。最初に訪れたとき、入り口が分からなくて連れて行かれるままに動いていくと、中2階に村上龍をはじめとする地元作家コーナーが現れました。佐世保の年表と作品が並べられていましたが、村上龍の写真の前はなぜだか他の人の作品が並んでいて、とても違和感を覚えました。作品と写真がずれていなければもっと見やすいのに、ちょっと残念な気がしたのです。さらに驚いたのは、2階にある図書館の児童室や一般室に行くためにエレベーターを使わず階段を利用する場合は、防火扉を開けて非常階段を利用するのです。これにはビックリしました。

　　↓

<After> 中2階の作家コーナーは、整理をして、市民を巻き込んだ市民ギャラリーとして一部を開放していました。とても好評で、1年先まで予約が入っているそうです。鍵もかかるショーケースなので盗難の心配もいりません。暖房も入っていました。

　エレベーターを使わないときは非常口を利用して図書館へ行くのは変わらずですが、天井に大きな書道ガールズの力作が出迎えてくれました。この作品は、2017年11月に開

催された佐世保市のイベント、「させぼ文化マンス」で市内
5校の書道ガールズがライブで作成した作品です。2日間し
か日の目を見ないのは惜しいと、館長が借り受けて天井にワ
イヤーでつるしたそうです。作品は何回かに分けて披露され
たそうです。非常口のドアには取っ手がつけられていて、ず
いぶんと開けやすくなっていました。非常階段はディスプレ
イの場所に変身し、階段を昇りながら、図書館のお薦め本の
チェックができます。図書館の入り口には、「英語 de おは
なし会」のポスターが出迎えてくれました。対象は小学生(家
族同伴は可)。アメリカ国防省報道機関太平洋地域 AFN 佐
世保報道局勤務職員によるおはなし会です。佐世保は基地の
まちなのです。図書館との連携が始まっていました。

▽雑誌コーナー

<Before> 盗難が多い雑誌の最新号は、以前はピンクの紙を
置いていて、見たい場合はカウンターに申し出る仕組みでし
た。新聞最新号もカウンター保管で利用者にも職員にも不便
でした。

↓

<After> 約1年前から、半年分が開架で、最新号も全号雑誌
コーナーに出しています。自由に手にとってもらえるように
と思い切って開架にしましたが、いま少しずつ破損雑誌が発
生しているとか。一部の利用者のマナー違反、どこの図書館
も悩まれているんですね。限りあるスペースで、持ち出し切

り取りなどを防ぎつつ、自由に新聞を手にとって見てもらうには、全紙が掛けられる新聞ホルダーが良いと職員が考え、館長が手作りしました。現在最新号トラブルはほとんどありません。

▽3階コーナー

<Before>3階は講座室と視聴覚室です。講座室は学習室として開放されていましたが、視聴覚室は行事がないときは鍵がかかっていました。

↓

<After>視聴覚室は、この1年は大活躍でした。毎週のように職員総出でイベントのために机や椅子を出し、午後は戻して学習スペースとして開放しました。この机や椅子がとにかく重い。そんな使われ方をするとは想定外だったのでしょう。3階のフロアーのデッドスペースだった場所は、ワイワイガヤガヤできるグループスタディコーナーができていました。

そして、極め付きは、なんと利用者カードも変わっていました。佐世保在住作家のにしむらかえさんのデザインです(次ページ参照)。ちょっと見ただけでも、素晴らしく変身した図書館は、2016年4月に新しい館長が赴任してからの様変わりです。館長はどんな想いで活動をされているのか気になり、突然にもかかわらずお話を伺うことができました。

佐世保市立図書館利用者カード

2）前川直也館長（当時）へのインタビュー

　館長が図書館に着任したのは2016年4月です。「祝日開館＆開館時間の延長」というミッションが与えられての着任でした。開館時間の延長＝民営化というのは、一般的な筋道です。図書館民営化の波は、佐世保市内部でも例外ではなく、以前から論議されていましたが、体制見直しなど職員の協力や執行部の理解を得て、2017年4月から祝日の開館と土曜を含む平日の午後8時までの開館時間延長（以前は木・金曜日以外は午後6時まで）を直営での運営を継続しながら実現しました。図書館には、正規・非正規ともにスキルの高い職員が揃っています。「民営化でもサービスの最低限の維持は可能だったかもしれないけれど、この職員が残る直営を継続できたことで、今後さらなる進化の可能性が広がった」と、

館長は話してくれました。

　館長が着任して、まず感じたのは、「もったいない！」でした。職員は素晴らしく努力をして良いイベントなどもやっている。しかし、児童室のイベントひとつとっても、図書館に足を運ぶ人以外にはほとんど知られていないのです。広報担当経験のある館長は、市民25万人を対象とするために、来てもらう努力から始めました。マスコミ各社を自ら訪問し、まずは挨拶して回りました。

　前川館長になってから一番変わったのは外部への情報発信です。広報が大変上手なので手作りの壁新聞以外に、個人のFacebookで、図書館のイベントをアピールします。市役所や各関係機関などいろいろなところで積極的に図書館や図書館職員をPRしてくれます。おかげで2017年の新聞掲載は12月時点で約40件ありました。新聞だけの件数です。新聞、テレビ、ラジオ、地元のミニコミ誌、市のFacebookの各担当者と個人的に積極的につながっているので、各イベント担当者が報道投げ込みした後にも、個別にメールします。おかげで図書館イベントには必ずと言ってよいほど、どこかしらのメディア取材があります。「館長がきっかけをくださったのだと思います。」とは、館長に内緒で聴いた、職員の感想です。

　私が以前CDを送った、弓削田健介さんの曲「図書館で会いましょう」は、図書館員がゲスト出演している『はっぴいFM』という佐世保のコミュニティFMのなかの「図書館日

和」というコーナーのテーマ曲として毎月使われているそうです。

　館長の、「図書館は真似をし合っても良い施設」という言葉も気になりました。観光などと違い客を取り合うわけではない。良いことは真似し合ってお互いに地域住民のためにサービスを高めていくことができるので、ほかの図書館で参考になりそうなことは積極的に取り入れているそうです。

　2016年は、図書館のボランティア団体ひとつと図書館員で、「第1回図書館まつり」を開催しました。2017年の第2回では、Facebookやホームページでボランティアの参加を呼びかけ、9つのイベントをボランティアらが企画して行いました。具体的な図書館サポートのボランティア団体の組織化までには至っていませんが、水面下ではバックアップしたい声もちらほら聞こえてきました。種は蒔かれ、あとは自発的な市民の参加を待っている状態です。

　館長が普段から気を付けているのは、「職員と一緒に動くこと」。館長という立場でしなければならないことはもちろんですが、それ以外にも準備段階から関わるようにしています。特に図書館は女性の比率が高いので、力仕事などは率先して引き受けています。

　館長の強みは、読書家でも図書館のヘビーユーザーでもなかったこと。一見弱点のようですが、本を読まない人や図書館に来ない人の気持ちがわかるという点で強みだと言うのです。本のプロのスキルや、図書館経験を生かした素晴らしい

アイデアは、職員達がたくさん持っている。それらのいろいろなアイデアを積極的に取り入れながら、自分だったらどうすれば図書館に行こうと思うか、本を手にするかという視点で判断したり、新たな案を打ち出します。

　職員との棲み分けも明確です。職員は良い案はあっても具現化の方法がわからない場合があります。その場合は、役所や外部などの交渉を館長がサポートして実現可能にしていくという役割分担ができています。でも、職員という宝を発掘したのは館長です。館長がいなくなったら、元に戻るのではという私の意地悪な質問には、「石油資源が湧き出たのに止める人はいない。スキルを持った職員という資源があったからできたことで、僕は少しボーリングをしただけ。スキルと言う資源は、増えはしても枯渇はしない」と、力強く返ってきました。

　館長が着任して、ずっと目標としてきたのは、「市民が作る図書館」です。そのために、1年目は、この図書館に気軽に来てもらおうと「そうだ、図書館へ行こう！」のキャッチコピーで動きました。

　2年目のキャッチコピーは、「アウトリーチ」。持ち前の行動力で、率先して図書館から外に出て知らせました。学校での読み語りや調べる学習の講習、商業施設や文化施設などでの出張図書館やビブリオバトルなどの館外でのイベントを開催し、それらを通して、市民への広がりができてきました。

　2018年は、3年目に突入です。キャッチコピーは「市民

とともに」。図書館自体のサービス計画を作るのを目標にしています。そのために、今まで行ってきた利用者アンケートのほかに、無作為に市民アンケートを実施したいとのこと。図書館を利用していない方々の声を聴くためです。次々と仕掛けられる活動は、動きながら観察し、化学反応が起きてくるとターゲットを絞っているのだそうです。何が足りないかは動かないと見えてこない。あきらめない底力を感じました。

　でも、全てがバラ色というわけではありません。以前は図書館整理日で休館だった毎月第3金曜日は、全職ミーティングや研修、展示の入れ替えや図書の移動などをしていましたが、その日も開館日になりました。システムを担当していた身としても、整理日はとても大事な日でした。だけど、館内整理のための休館の意味を、なかなか外にはわかってもらえないんですね。非正規の雇用期限の問題も残っています。

　「もったいない！」　館長が言ってくれた言葉に、職員が感激しないはずがありません。その言葉が職員のモチベーションを支えています。

⇒その後の追記
　前川館長は図書館から異動になりましたが、その想いはしっかり引き継がれています。

1.6 図書館の常識を覆す：みんなの森ぎふメディアコスモス（岐阜県）

　岐阜市の中央図書館を含む複合施設「みんなの森ぎふメディアコスモス」の館長公募を Web で見たのは、2014 年 12 月でした。館長に就任されたのは吉成信夫氏。宮沢賢治が大好きで、「石と賢治のミュージアム」を作ったり、『ハコモノは変えられる！―子どものための公共施設改革』の著作もあります。でも、図書館は未経験。決して処遇もよいとはいえない図書館へ……。なぜ？ 私の興味はそこにありました。

　2015 年 7 月の開館に向け、館長に着任したのは 4 月 1 日。職員は 70 名を超す大所帯です。開館する図書館の具体的なイメージさえできていない 3 か月前に、突然舞い降りた館長が最初におこなったのは、職員の「やらされ感」を一掃し、一体感を持つための秘策でした。

・館長の想いを伝える明日のためのキーワード

　開館の前日まで、毎日そのとき沸き起こった言葉を文面化し、壁に貼ってジャブを打ち続けました。毎日ジャブを打たれれば、そりゃ、色にも染まります。

・コミュニケーションを誘発する仕組みづくり

　みんなで朝のブックトークを毎日 5 分。初日は館長が五味太郎の『馬鹿図鑑』をトーク。みんな笑うどころか無反応の能面だったとか。最初は嫌がっていた職員も段々と自分を出せるようになり、思わぬ一面を発見する機会にもな

りました。

・司書の主体性を尊重

　どんな図書館にしたいかグループワークで話し合っていく中で、本の並べ方や手作りのポップなど一人ひとりの意欲が生まれてきました。館長は企画・アイデアを出すだけで、選書には入りません。

　2015年7月18日にオープンした図書館には、こんな素敵な言葉が記されていました。

　「子どもの声は未来の声」私たちの図書館では、本を通じて子どもたちの豊かな未来へとつながる道を応援したいと考えています。……

　だから、私たちは館内で小さなお子さまが少しざわざわしていたとしても、微笑ましく親御さんたちといっしょに見守ります。……

　そして、小さなお子さまのお父さま、お母さまにもお願いです。ここは公共の場所です。遊び場、運動場ではありませんので、公共の場所でのマナーをお子さまに教えていただく場としてもご活用いただければ幸いです。みんなでお互い様の気持ちを持ち寄る場所にしていきましょう。

　メディアコスモスの館内は、'グローブ'と呼ばれるランプシェードのお化けのような照明が天井からいくつかぶら下

がっています。私は岐阜提灯のイメージかと思ったのですが、設計者は金華山に登ってひらめいたとか。グローブは、間接照明と採光の他に、人の流れを仕切ったり、空気の入れ替えもおこないます。グローブには、小さなお家（スペース）の役目もあり、人が集い、屋根のある公園を目指しているとのことでした。一番真ん中に、市民のために開放された‘まちライブラリー’グローブがあり、訪問時は市民が作った常設本棚のスペースになっていました。

　グローブの外は司書の領分。内と外で、お互い程よい緊張感があるのだそうです。司書が作成した地元のマップもありました。

　館内の本棚は特注です。天井に多くの木材が使われているため、棚は一部コンクリートを使って燃焼を防ぐ工夫がされていました。

　目を見張るのは、児童コーナーの雰囲気です。館長曰く、「学校教育の匂いを消したかった」とのこと。まちの商店街に見立てた‘本棚商店街’の演出が仕掛けてありました。銭湯ののれんがあって、ポストがあって。ポストに投函された手紙は館長へ届き、返事も書いて館内に貼り出します。本のお宝帳（読書通帳）は子どもたちが自分で書きたくなったら書きます。ページ毎に、ちっちゃな館長のメッセージ付き。例えば、「好きなものがひとつあれば生きていけるよ。ひとつでいいんだ」。くまモンを作った会社に発注したワンコカートには200冊の本が載せられます。館長は、このカートを押して、

館内のあちこちに出没し、読み聞かせをするのです。それも従来ではタブーとされている身体の実感を体現しての読み聞かせです。'読み聞かせのバイブルで育った司書' 対 '館長' のこのマッチ、ちょっと見逃せません。

YA（Young Adult）コーナーもアイデアいっぱいです。レファレンスの質問と回答は館内に貼り出されていて、中にはこんな回答もありました。

ご意見・質問・感想など：
応答せよ！！
図書館からの回答
回線は遮断された模様です。

こんな返しをしてくれる司書がいるなら、ティーンズも頑張って図書館通いをしますよね（笑）。

館長に、「どうして公募に応募したのですか？」と直球の質問を投げてみました。「公共政策、まちづくりの中の図書館の位置づけにトライしたかった」と返ってきました。9世帯しかない岩手の山奥の廃校で13年間「森と風のがっこう」に関わり、もう一度街に出て、図書館を単体としてではなく、地域と深く関わり、自治体の組織として何ができるか模索したかったといいます。メディアコスモスには、図書館のほかに市役所の国際課、市民交流センターなどが併設され、お互

いの垣根を越えての協働も挑戦できます。その想いは、東北の被災地の図書館を建て替える際に、「この失敗も成功も全てをフィードバック」へと繋がっていました。「宮沢賢治が大好き」という館長らしい、東北への熱い想いを感じました。

　学校図書館を元気にするために、リテラシー教育が目的で'こども司書制度'も作りました。開館から1年。今は、ベビーカーを押した若い世代の利用が多くなり、40歳までの利用が6割になりました。「常にざわざわ、本を介してまちに広がる図書館」を目指して、館長の挑戦はまだまだ続きます。でも、司書の仕事っぷりもお忘れなく！　もうひとつ、駅前分館も。岐阜の産業に特化したファッションライブラリーなど素晴らしい挑戦をしています。

⇒その後の追記

　2018年、図書館と地域をむすぶ協議会の太田剛氏が、館長の要請の元、司書の研修を行いました。館長から与えられたミッションは、「今までの司書の常識を覆す」。どんな研修だったのか受けてみたい気がします。

第2章 SEの図書館見聞録

ハンモックタイム

＜ SE 人間模様＞

　会社の帰りに SE メンバーで飲みに行った時の話です。飲んだ後におにぎりを食べようということになり、単品よりおにぎり定食を注文して分けたほうが安くつくということで、二人前注文しました。定食ですから味噌汁がついてきます。誰が飲むかという話になり、飲みたい人はジャンケンして決めることになりました。まず、アニソン君がこの時点で辞退しました。あとの4人でジャンケンしてリーダーと一郎君が勝ちました。それでも味噌汁が欲しかったシュー君が迫ると、リーダーが味噌汁を譲ってくれたのです。ところが、今度はもうひとりの負けたサブちゃんが納得できません。

　ジャンケンの結果通りに従わないシュー君にも、譲ってしまったリーダーにもクレームをつけ、喧々諤々が始まりました。グループに入って間もない一郎君は途方に暮れ、アニソン君に助けを求めますが、アニソン君は遠巻きに静観しているだけ。一郎君は、根本を絶たなければ騒ぎは収拾しないと判断し、2つの味噌汁を飲み干してしまいました。翌日、この話を聞いた私は大笑いです。ちなみに、私がいれば、きっと一言「味噌汁、単品で頼んだら！」。

　たかが味噌汁、されど味噌汁の話でした。
→この話には後日談があり、それからしばらくは、シュー君が客先へ伺うと「味噌汁あります！」とからかわれていました♪

2 まちへの愛をかたちにする

2.1 官民連携の地方創生モデル：紫波町図書館（オガール プラザ）（岩手県）

紫波町は、岩手県盛岡市と花巻市の間に位置し、双方から東北本線で20分ほどの交通アクセスの良い町です。国の補助金に頼らない官民連携の地方創生モデル「オガールプロジェクト」で実現した図書館に伺ってきました。お相手をしてくださったのは工藤巧館長と手塚美希氏。秋田生まれの手塚氏が何故紫波町に？ そんなお話も聴いてきました。

1）図書館ができるまで

紫波町図書館のルーツは、1963年、野村胡堂氏から贈られた基金で作られた胡堂文庫まで遡ります。その後、中央公民館図書室となり、蔵書は6万冊と増え、新しい図書館建設が望まれていました。

2001年に市民団体「図書館を考える会」が発足し、町にとって必要な図書館の理想を求めて、講演会や先進的な図書館を見学し、図書館のあるべき姿を模索していました。

一方、町も、2004年に発足した図書館整備プロジェクトチームの一員であった現企画課長が、紫波町の図書館のあるべき姿を探していて、秋田県立図書館の山崎博樹副館長（当

時）に出会い、課題解決型図書館を知るのです。2006 年に山崎氏を座長に、「紫波町図書館整備検討委員会」が設置され、市民団体とも合流した組織へと発展します。

　ここでちょっと手塚氏のプロフィールを紹介します。彼女は秋田の山あいの村で生まれ育ちました。村に図書館と呼べる図書館も本屋もレコード屋も無く、とにかく情報に飢えた少女時代だったそうです。村に最新の情報が集まる発信場所をつくりたい夢が、図書館を作りたい想いとなり、司書になり、浦安市立図書館（千葉県）に勤務。パートナーの転勤で秋田へ来て、秋田市立図書館を経て、山崎氏のいる秋田県立図書館に勤めていたのです。

　話はまた逸れますが、町は、1997 年に再開発予定で購入した、紫波中央駅前の未利用の土地の活用に苦慮していました。そんな中、地域振興整備公団や建設省などの経験を持つ岡崎正信氏が U ターンで戻ってきました。岡崎氏は家業の仕事をしながら、東洋大学大学院経済学研究科公民連携専攻に学び、町有地の活用に公民連携手法が活かせることを町に伝えました。その後、町も、現公民連携室長を大学院に入学させ、公民連携手法を学びます。そして、町と東洋大学は、公民連携に関する協定を結び、駅前の土地活用について調査し、調査報告書を提出します。その後、100 回以上の町民説明会を経て 2009 年に「公民連携基本計画」を策定し、公的な資金に頼るのではなく民間の金融機関のチェックを入れたオガールプロジェクトが生まれます。岡崎氏を社長とするオ

ガールプラザ株式会社、オガールベース株式会社には、徹底的に採算を追求する凄腕のブレインが控えています。志のある人の周りには、自ずと人の環ができるんですね。

　図書館をつくることが決まった当初、町は山崎氏に館長を要請しました。山崎氏はそれを断り、代わりに手塚氏を送り出したのです。その頃手塚氏は、パートナーの東京転勤が決まり、図書館も辞めるつもりでいたのですが、小さい頃からの夢である「図書館をつくる」という魅力には勝てず、2010年、紫波町へ赴くことになったのです。当時、町には司書という専門職は無く、彼女の処遇に頭を悩ませたそうです。

　2011年、オガールプラザが起工します。プラザの中には、図書館のほかに、産直マルシェ、子育て支援センター、カフェ、音楽スタジオ、キッチンスタジオ、貸しスタジオなどがあり、今まで町になかった眼科も入りました。向かいのオガールベースには、日本初のバレーボール専用体育館があり、宿泊施設も備えています。図書館でバッタリ会った知人は、この施設に泊まり、紫波町で採れた食材を使った美味しい朝食をとったそうです。

　建物には本当にお金をかけていませんが統一感があります。デザイン監修がなされガイドラインを設けてあり、看板ひとつさえ勝手に立てることができないのです。オガール広場では民間企業によるイベントが開催され、図書館や町の機関との連携をはかり、集客と文化を育む機能も備えています。

2012年に開館した図書館は、町と民間と市民運動のマッチングによりできた産物でした。

2) 紫波町図書館

工藤館長は、町の下水道が専門だったという元建設部長の経歴の持ち主です。震災の年に1年残して退職し、1年後の6月に館長に任命されました。密かに司書資格を取得する際は、かなりきつかったようで、お母様の葬式の夜もレポートを書いておられたとか。お話の端々に、盛岡でも花巻でもない紫波のアイデンティティにこだわる郷土愛を、ひしひしと感じました。

町民のNPO団体に一部業務委託で始まった図書館ですが、2014年度から運営体制が直営になりました。図書館は、町長部局企画課の傘下にあり、嘱託司書10名、非常勤の館長、町の職員で情報交流館を兼務する事務局長の合計12名で運営しています。

紫波町図書館は、以下の三本柱が運営方針です。
・子どもたち（0歳から高校生まで）と、本をつなぐ
・紫波町に関する地域資料を収集・保存する
・紫波町の産業支援をする（ビジネス支援）

紫波町のビジネス支援なら、迷わず「農業支援」と思うでしょう。ところが、農業を主とした第1次産業の純生産額

高は、わずか5.3%で第2次・第3次産業と比べて一番低いのです。とはいえ農家の人口は8,450人と全体の26%を占め、かつ食料自給率は170%以上と農業が町に与える影響は生産高では図れないものがあり、東日本大震災でも支援に大活躍した「農業」をビジネス支援することになりました。

農業の棚は、通常のNDC分類にこだわらず、「農業を始める」「田舎暮らし」「産直」「農業経営」など実際の使い勝手を重視しています。ところが、壁にぶつかります。

農家の皆さんは忙しくて、図書館へ足を運ぶ時間がないのです。また、専門的なことは図書館に頼らなくても農林課や農林公社があります。試行錯誤の末、図書館は「図書館へ来てもらってサービスを提供する」路線から、「図書館が生産者のところへ出向き、地域の農業情報を発信する」路線へ切り替えていきます。

産直マルシェのPOP（スーパーで見かける広告）展示は、店舗に勤務する方との雑談がヒントで生まれました。POP講習会まで出かけていき、農家の方々に代わって図書館がPOP制作をしています。買い物客は1～3秒しか見ていないという知識も教室で得たそうです。

後日、手塚氏より、「実は農業支援や児童サービスとともに、毎月の企画展示に力を注いでおり、当館の特徴が一番あらわれている部分です。もろもろ説明できずに残念でした！」とお便りいただきました。企画展示は図書館だけでできるものではありません。農林課、農林公社、産直、JA

いわて中央など、企画展示に必要な部署や会社へ出向き協力をお願いし初めて実現するのです。必要とあれば生産者にも直接会いに行きます。

　限られた予算の中で、業務の合間を見ながらお金をかけずにアイデアと足で稼ぐ。紫波町図書館に伺いお話を聴いて、一番大切にしているのは「つながりづくり」と感じました。

　「知のインフラである図書館の政策重要度が、下水道より低いのはおかしい。図書館の使命を意識し、それを支えるべき司書の待遇も含めて図書館は変わらなければならない」と工藤館長は語ってくれました。図書館の試行錯誤はまだまだ進化を続けます。

参考：

・紫波町図書館企画展示「戦後70年　私たちのまちにもあったこと」

　（http://lib.town.shiwa.iwate.jp/special/sp_20150630_01.html）

　（★企画展示のリンク先はその都度変わります）

・『紫波町公民連携基本計画』2009年2月

　（http://www2143uc.sakura.ne.jp/cms/files/01599/kouminrennkeikaku.pdf）

・『図書館調査研究リポート15』国立国会図書館／発行2014.3

　地域活性化への貢献をめざし革新的なサービスを提供している公共図書館のうち、特に萌芽期にあるサービスを提供

している図書館として、第3章に紫波町図書館の農業支援サービスが取り上げられています。(http://current.ndl.go.jp/report/no15)

2.2　図書館が町のステータスに！：塩尻市立図書館（長野県）

　塩尻市立図書館は、複合施設'塩尻市市民交流センター（えんぱーく）'の中にあります。'えんぱーく'のモチーフは、瓢箪（ひょうたん）のように大小ふたつの円(縁)がつながっています。人々の集いや交流、文化が繋がって発信していく場を表現しているのだそうです。ふたつの円は親子のようにも見えます。「この場所から細胞分裂して新たな活動へと広がってほしい」そんな想いを感じました。

　図書館の棚は、嘱託／臨時にかかわらず職員全員に1か所割り振られていて、その棚に関しては、返本も書架整理もテーマ展示なども誰からも邪魔されません。それだけ責任を持っているのです。私たちが見た図書館内にあった行政情報コーナーも、担当職員が広報や市報の特集記事などを探し求めて置いていたのです。しかもこのアイデア、嘱託職員さんから出た案を採用したものでした。任されているからこそ、モチベーションも上がるわけです。

　棚に並ぶ本も、利用者の利便性を追求して工夫があり、NDC分類のまま置かれていません。

　例えば、

- 596 のレシピ本の棚に、38 の食の本、58 の食品工業の本
- 4 の植物の棚に、6 の林業の本
- 4 の魚類の棚に、6 の水産業の本
- 7 の映画の本の棚に、912 の脚本
- 小説・エッセイの棚に 910.2 の作家研究
- 598 の妊娠出産の棚に、148 の名付けの本
- 210.7 の戦争の歴史の後に、39 の軍事国防の本
- 29 の日本の地理の棚に、915 の紀行文、外国の棚に 9 の紀行文、8 の海外旅行で使える会話集、山のガイドの棚に 78 の山登り・アウトドアの本

など挙げればきりがありませんが、聞いた範囲を列記しました。目線が利用者目線なのです。棚管理はひとりの職員に任されているので、別置のマークをつけなくても入れ間違いもありません。

　ちくま文庫はほぼ揃っています。 筑摩書房の創立者である古田晁氏が塩尻市出身で、現在もご家族のご厚意により新刊書の寄贈が続いています。ちなみに、古田晁記念館の館長は塩尻市立図書館の伊東直登館長（当時）が兼ねており、年に一度古田晁記念館文学サロンを行い、古田氏や筑摩書房に関係する内容で講演などを行っているそうです。そんな繋がりがあるからこそ続いているんですね。

　書店との住み分けにも工夫がありました。英語のコミックは市内の書店では何処も扱っていないため、英語の教材や外国の方にも日本の文化を知ってもらえればと、コミックは英

語版の購入と決めたそうです。「ワンピース」がずらりと英語版で並んでいる姿は、ちょっと壮観でした。

　塩尻の私の一番は、壁柱です。図書館の内部には、建物を支える、いわゆる大きな柱はありません。一般利用者が出入りするフロアは、'壁柱'と呼ばれる厚さ20cmの薄い板状の柱も兼ねている壁（97本）が仕切りの役目も兼ねています。壁柱1本にひとつ「塩尻トリビア」と呼ばれる塩尻市の豆知識が書いてあるそうですが、なかなか探すことができません。目線をふっと上に向けると、フロアのあちこちに駅や姉妹都市の方向を示すリボン型のサインもあります。利用者に「？」と好奇心を持って、この空間を楽しんでほしい'遊び心'を感じました。

　図書館の休憩場所以外にも、この壁柱で仕切られた通路というかコーナーというか、そんな空間があちこちにあります。壁柱もフロアも「1壁柱」「1㎡」単位に有料で貸出されています。といっても床1㎡の貸出し額は'1時間3円'と、高校生でも借りられる値段設定です。

　武蔵野プレイスは、若者に図書館へ来てもらうためにティーンズしか入れない空間を作りました。でも、塩尻は、この絶妙な壁柱のお蔭で、若者があちこちに散在し、食べ物を持ち込んでおしゃべりしたり、勉強したり、様々なスタイルで図書館を楽しんでいました。この壁柱空間は、来てみて感じないと味わうことはできません。気になった方は是非塩尻へ足を運んで実感してみてください。

2.3　戦時中のユタ日報に釘付け：松本市中央図書館
　　　（長野県）

　松本市は、国宝松本城のある歴史のあるまちです。ガラス張りの中央図書館は、旧開智学校の隣にありました。図書館は岩波文庫が充実していて、お隣の塩尻市とは何気なく棲み分けされています。歴史のある図書館だけあって、崇教館文庫、柴田文庫など16の特別文庫がありました。山岳文庫は、松本南ロータリークラブにより寄贈された基金をもとに創設されたアルプスの玄関口にふさわしい文庫として、日本山岳史上貴重な資料を今も継続して購入保存しています。

　一番釘付けになったのは、ユタ日報です。ユタ日報は、信州からアメリカに移民した寺沢畦夫・国子夫妻がユタ州ソルトレークシティにおいて1914年から1991年まで大戦中も途切れることもなく発行し続けた世界的に貴重な資料です。全号揃っているのは世界に2つしかないとのこと。日本人差別が激しかった太平洋戦争のさなかに何故発行できたのか、素朴な疑問がわきました。ユタ州には、キリスト教の中でも迫害を受けていたモルモン教徒が多かったので、日本人に対して温情があったのではとの説もあるようです。

　松本には戦時中、山の中に軍需工場があったそうで、その模型と平和資料コーナーが設けられていました。平和資料コーナーの前で館長が、「小さい頃は、この穴の中で遊んでいた」と、エピソードを語ってくれました。貴重な資料を保管するだけでなく、後世に伝えられるかたちになってくれれ

ばと願っています。

2.4　郷土愛が詰まった図書館：宇佐市民図書館（大分県）

　宇佐市は、全国に4万社あまりある八幡様の総本宮である宇佐神宮のある街です。歴史の古さだけでなく、図書館内は色々な工夫がされていました。

　まず、図書館入り口の図書館案内の横に貼られた月間忘れ物表が目につきました。聞くのは恥ずかしくても、これなら忘れ物の確認がとれます。

　図書館内は、車いすでもゆったり通れる通路が確保されています。椅子は北欧製。2階の閲覧ラウンジは、微妙に椅子の向きを変え、お互いの視線を感じないような細かい配慮ある配置がされていました。川を眺めながら座ってみると、本当にくつろげます。

　郷土スペースにも工夫があります。郷土資料は並んでいても、はて誰について書かれた本かわからないことがありませんか？　宇佐では利用しやすいように、それぞれの本の背には、誰の関連資料か記されています。郷土の棚の一部はスライド式になっていて、隠し戸棚から現れたのは貴重な「主婦の友」の雑誌コレクションでした。2007年に宇佐出身の主婦の友社創業者である石川武美氏の企画展・講演会を開催した際に主婦の友社から出版物も頂き、雑誌は買い集めたそうです。創刊号は復刻で、それ以外にも抜けはかなりあります。それでも皆さん羨望の眼で眺めていま

した。

郷土スペースには、宇佐神宮に関する本以外に「怪盗ルパン」でおなじみの南洋一郎氏の親族からいただいた相撲関連資料の雑誌もあります。宇佐は第35代横綱「双葉山」の出身地でもあるのです。戦時中、海軍航空隊もあったそうで、海軍や太平洋戦争全般に関するものは「海軍関連コーナー」に置いています。デジタルライブラリーは、2011年の緊急雇用創出事業（デジタルアーカイブ化事業）で、双葉山の生誕100周年の年に整備しました。今後は、図書館所蔵の絵画や古文書なども登録していく予定だそうです。

ビジネス支援コーナーも設けています。医療・健康情報に至っては、NDC分類よりさらに細かく病名で分けられています。例えば、癌でも、乳がん・リンパ腫など細かな病名別に分けられて、特定の病気に関する資料が手に取れるよう配慮がされています。

図書館でちょっと本を手にして、「はてどこにあったっけ？」と返し場所がわからないときは、「かえすところがわからない本は、ここへかえしてください」との表示と、下にラックが設けられています。無理やり返さなくても、子どもでも返せる場所が確保されていました。

また子どもスペースには、小学校の国語の教科書に掲載・紹介されている本の紹介コーナーもありました。1年生から6年生まで色分けのシールで区別しています。教科書は4年の周期で検定・採択使用開始を繰り返します。手のかかる作

業です。

　2階には、宇佐市の農業振興に寄与した渡辺綱雄氏の寄付金により併設された渡綱記念ギャラリーがあります。その関係か、宇佐市の美術品などの貴重な作品は2階の分厚い扉の保管庫に納められています。

　そんな図書館の悩みは予算の確保でした。ほぼ毎年多額の寄付をしてくださる方がおられ、自治体の財政とは別物なのに、一般財源の資料費予算がそのぶん削られた時期もあったそうです。寄付に頼りきるのも問題なんですね。

　図書館を案内してもらって感じたのは、郷里への強い愛です。司書が集まる全国大会の集会では、宇佐のお酒や特産品を土産に宇佐市のPRを欠かしません。私たちが今回お邪魔したのも、このPRに動かされてのことでした。後日、見学についてアンケート依頼が届きました。図書館の中にいると、つい日常の業務に追われて視野が狭くなりがちです。見学した皆さんがどんな感想を持たれたのか意見を反映させたいとのことでした。何を伝えていくか、どう使ってもらうか、そんな想いが詰まった図書館でした。宇佐は美味しいお酒の宝庫です。宇佐神宮参拝をかねて、図書館へも足を運んでみてください。

3 小さなまちの大きなサービス

3.1 ランドセル置き場のある図書館：松川村図書館 （長野県）

松川村は松本市から車で40分ほど北上したところに位置する、人口1万人ほどの小さな町です。

図書館でまずびっくりしたのは、玄関を入ってすぐの小学生のランドセル置き場でした。小中学校が1村1校しかなく、その小学校はすぐ目の前。「寄り道しちゃダメなんて、くそくらえ！」と、感じました（笑）。沖縄にもランドセル置き場のある図書館があるそうです。

ちょうど『図書館戦争』関連のイベントコーナーを作っていて、普通は壁に貼ってある「図書館の自由に関する宣言」が、机に平らに置かれていました。一瞬不思議に思ったけど、これも立派な展示資料だったのです。松川村図書館の演出は、ニクイ!!

蔵書約6万冊のうち、半分弱が児童書です。そのため0〜8分類は一般書と混ぜて置いていました。館の方針として児童に焦点を当てていて、直ぐ近くの「安曇野ちひろ美術館」とは相互に密な連携をはかっています。2017年オープンの「トットちゃん公園」内の電車の図書館についても運用を協議されているとか。小中学校と村の図書館との司書異動

もあるから、学校との毎月の連絡会議や、館内に中学校図書委員会のコーナーがあるなど、相互に濃い連携をはかっています。

この図書館の極めつけは、小説の棚ざし見出しに、著者の写真とプロフィールが記載されていることです。見出しの裏側は、大きな字で著者名が書かれていて、両面で機能していました。これはなかなかできない！　棟田聖子館長の話では、何処を探しても写真のない著者も数人いたとか。

館長の胸にはフェルトの「おおきなおにぎり」が光っていました。長野県図書館協会主催の「信州朗読駅伝」というイベントがあり、松川村はお米が美味しいので米にまつわる本を読んだ時に、みんなの胸に「おにぎり」を付けて挑みました。館長は、おにぎりに反応した子どもたちには、自分を「親分」と呼ばせているそうです。館長の人柄を感じたエピソードでした。

3.2　広報紙を毎月2ページ占拠：草津町温泉図書館　　（群馬県）

草津温泉といえば湯畑。ちなみに、現在の瓢箪型の湯畑は、1975年に岡本太郎氏がデザインしたものだそうです。

温泉図書館は、湯畑から歩いて5分ほどの草津温泉バスターミナルの3階にあります。この場所は、元は有料の温泉資料館があったのですが、有料ということもあってなかなか利用されていませんでした。そこで、図書館が手狭になっ

たこともあり、図書館と温泉資料館とを合体させて、2016年11月に「草津町温泉図書館」としてオープンしました。温泉関係の本や資料を取り揃え、「温泉文化の発信拠点にしたい」という想いから命名したそうです。

　新しい図書館の面積は、旧図書館の約2倍となりました。以前は10席しかなかった閲覧席も44席となり、電源・飲み物OKで中高生の利用も増えたといいます。ターミナルの待合時間に利用する観光客も増え、賑わい創出にも一役買っています。草津町の人口は6,500人、利用カード登録者は12,000人。地元の方はもちろんですが、町外や観光客でも借りられます。

　2階のバスの待合室から3階へ上がっていくと、「温泉図書館」の暖簾があります。ただし、温泉はありません。暖簾

をくぐって最初に目にするのは、以前この場所にあった温泉資料館の温泉に関する展示コーナーです。草津の湯は、五寸釘が10日で溶けるほど酸性度が高く、釘の溶けていく様子なども展示されています。バスの待合で訪れていた観光客も熱心に見入っていました。

　実は、私、暖簾の向こうに温泉もあると思い込んでいたのです。司書の中沢孝之氏の話によると、テレビや家電なども酸で傷むから、室内に温泉を引くのは、とてもリスクがあるとのことでした。

　ちなみに、源泉は95度近くあり、冷却装置で冷ました温泉は温泉施設に供給し、熱交換で温水になった水道管のお湯は一般家庭に供給されます。一方、川からも温泉が湧き出ているため清水がなく、水は長野県境から引いています。水道水とは別に、蛇口をひねると温水も出るという、温泉は光熱費の節約にも一役買っています。草津の一般家庭には湯沸かし器がないという話にも頷けました。

　館内には約5万冊の蔵書があります。人口の大半は観光業に従事しているため、料理やガーデニングなど、利用者の需要に合わせた書棚が工夫されています。農業に従事する方が少ないのは、書棚を見せてもらって納得しました。開館時間は午前9時～午後5時、それ以上開館していても利用者が来ないのだそうです。これも温泉町ならではの特徴かと感じました。文学のほかに、着物の着方など旅館業に関するものや、温泉関係が多く貸し出されるそうです。温泉／草津／ハ

ンセン病／火山（白根・浅間）関係の本が別置されていました。各書棚に見出しがあるのですが、温泉街の古い写真や絵図などの郷土資料と、その続きにある、町と関わりの深いハンセン病関連約 500 冊の書棚には見出しがありません。ハンセン病の資料は開館当初から収集していて、ハンセン病療養所の入所者が書いた文学作品や歴史的な資料も所蔵していました。見出しが何故ないのか尋ねると、「なかなか良い見出しを思いつかなくて〜」と話してくれましたが、「あえて‘ハンセン病’の見出しがなくても、それとなく察してほしい」という配慮を感じました。外国人の方には、外国語書籍の表紙をコピーした冊子を用意して、本の紹介をしていました。温泉図書館にない本は、県立図書館との協力車が、週に一度前橋から届けに来ます。

　郷土資料の中に町のパンフレットや広報紙がありました。この広報紙に、中沢氏の記事「こんにちは、図書館です」が、2012 年 2 月から毎月連載されています。中沢氏が、「書かせてください！」と、直接広報課に売り込んだのだそうです。図書館のレファレンスや郷土のエピソードなどを紹介する記事で、そのときの最新号は、草津小学校の太鼓の記事が書かれていました。

　「草津と疎開」と題した号では、1944 年の夏に受け入れた疎開児童のことが書かれていました。宿泊施設がたくさんあったので、淀橋区（現在の新宿区）13 校 3,500 人の子どもたちが 74 軒の宿泊施設に疎開しました。図書館に所

蔵の『写された学童疎開（新宿区立新宿歴史博物館 1996)』の冊子には、各地の疎開児童の様子を写した 399 点の写真が収められていて、草津で撮られたものも数葉あります。草津に疎開した子どもたちの作文も残されていて、その一部も紹介されていました。貴重なアーカイブです。今でも年に数人、疎開のことを調べに来館される方がいるそうです。

　この広報紙のおかげで、図書館のハードルがぐっと低くなりました。今では、役場や関係団体からもレファレンスが来るようになって、信頼関係構築のツールとしても活躍しています。

　さらに、その記事が、雑誌「VISA」の編集者の目に留まり、中沢氏へ取材のオファーが来たのです。NHK 大河ドラマ『真田丸』でも草津温泉の名前が出たからでしょうか、雑誌「VISA」の特集記事は、「戦国武将が愛した名湯」のタイトルで、町を知り尽くした中沢氏の取材をもとに、草津温泉の紹介をしていました。中沢氏の写真も掲載され、草津の名を全国に広める広報活動にも繋がっています。これも積極的な売り込み活動から派生した賜物です。図書館の中で待っているだけでは何も生まれないのです。中沢氏は、図書館の外へ出ていくことを、「覚悟の問題」と言い切りました。

　もうひとつ特記したいことがあります。草津では、書誌情報を登録するために、民間 MARC を使っていません。今までも予算がないという理由で自館 MARC を作成する話は聞

いたことがありますが、草津町図書館は意志として、1988年にオープンした当初からこのスタイルを変えていません。本は、町にある2軒の本屋と、町外の1軒の本屋から購入します。湯畑の近くにある本屋を覗いてみましたが、図書館で扱う本はほとんどありませんでした。選書は、新聞やネットで情報収集し、都内へ出かける出張は、選書ツアーも兼ねています。書店でも見ないような本をできるだけ選書するように心がけているとのことでした。そうして得た情報から町の本屋へ発注をかけます。

　納本されると、書誌情報も装備もNDC分類付与も、全て図書館で行います。非効率と思うかもしれませんが、これが本当の司書の仕事だと自負しているのです。装備にも工夫があり、必要だと判断したら、帯付きで装備もします。図書費は年間160万（雑誌や視聴覚は除く）。図書館の規模やこの予算だからできるとの見方もありますが、正規職員1人、臨時職員3人（内、2人は資料館兼務）という人員配置の中で、自館装備にこだわっているのです。

　効率を求めるだけでなく、この町にマッチした一味違った図書館を作りたいという熱い想いを感じました。宿泊したホテルでいただいた共通割引券に、図書館の名前を見つけました。元々は温泉資料館の名前が記載されていた場所を、ちゃっかり広報に利用する逞しさも感じました。

　草津温泉は、「湯畑」という巨大な源泉を中心に、周囲の

野天風呂から始まったそうです。今も共同浴場がたくさんあり、この成り立ちは、ほかの温泉地と大きく違いがあるといいます。2015年度草津町の名勝に関する特定の調査研究事業により、『草津町の名勝に関する特定の調査報告書』が作成されました。この報告書がきっかけとなり、草津の湯畑を文化遺産に登録する動きが出ています。もちろん報告書の作成には図書館が大きく関わっています。

草津の湯は、強酸性のため殺菌作用が強く、虫歯や目にもよいと言われています。白根山は2014年から湯釜を含む周囲1キロほどが立ち入り禁止になっていますが、コマクサがきれいな本白根山やロープウェイには足を延ばすことができます。草津へ出かけ、私がすっかりファンになった昔からの湯治文化'時間湯'も体験してみてはいかがでしょうか。そして、温泉図書館の暖簾もくぐってみてください。温泉はありませんが、素敵な司書の笑顔と出会えます。

3.3　小さな図書館の貸出アップ作戦：黒部市立図書館宇奈月館（富山県）

黒部市は人口約4万人、黒部峡谷や宇奈月温泉で有名な観光地ですが、YKKなどの企業誘致も盛んな市です。宇奈月生まれで図書館が大好きだった内山香織氏は、司書資格を取得して宇奈月町役場に就職したものの、教育委員会やケーブルテレビなどの部署に配属されました。2006年に黒部市との合併後も上下水道課へ。黒部図書館に配属されたのは

2012年、入庁から12年の長い道のりでした。そして、図書館の実践的イロハを身につけた3年後、宇奈月館へ異動しました。

着任した宇奈月館は、長年司書不在の運営で、課題は山積みでした。選書はハーフベル（取次店の選んだセット）に頼っていたため穴だらけの蔵書構成で、図書館にあるべき本がありません。除籍は行われずに書架はパンパン、彼女が小さいころに読んでいた30年前の漫画も棚にありました。貸出数は年間2万冊前後と横ばい状態でした。選書や除籍をすることで魅力的な棚づくりをしたいけど、ローマは1日にしてならず。

「このままでは図書館の存在価値をアピールできない」と感じた彼女は、図書館の必要性を示すためのひとつの指標として、「めざせ貸出3万冊！」の目標を掲げ、2年間のロードマップを作成しました。貸出アップの実績を作り、資料費アップの交渉で蔵書の充実を図り、宇奈月館を活性化する作戦でした。「人手も、予算も、時間もない」中での最初の取り組みは、限られた資料費予算を乳幼児連れ親子と高齢者にターゲットを絞って選書をし、他の分野は黒部館に任せました。

さらに、黒部館の書庫にあった、旅行雑誌「るるぶ」、住宅地図、赤ちゃん絵本など300冊の所蔵変更をして、1冊も買わずして蔵書の充実を図りました。乳幼児連れ親子が気軽に来られるようにと、赤ちゃんが寝ころべるコーナーを利

用して「赤ちゃんタイム」を設けました。赤ちゃんタイムに理解を求めたチラシは、赤ちゃんだけでなく図書館を利用しなかった市民の目にもとまり、来館者の開拓では一番効果を発揮したとか。また、黒部館から期間限定で借用した本の企画展示では、様々なテーマを設定し、本を手に取ってもらえる工夫もしました。

　システム更新中も開館して手書きで貸出したのは、システム提供ベンダーからすればリスクのある話ですが、それだけ継続開館への思いが強かったのでしょう。小さな図書館だからこそできたことです。「図書館の本は全て読みつくした」という方には、読みたい本の聞き取り調査をして他館から取り寄せる、読みつくし支援をしました。大規模図書館では、こんな細やかなサービスはできないと思います。

　市内の文化施設からお借りした鉄道模型で「鉄道模型で遊ぼう」イベントや、クリスマス会やアニメ上映会は、図書館はイベント通知をしただけですが、多くの子どもたちが集まってくれて来館のきっかけになりました。人の集まる公民館のラウンジでは、「出前うなづき友学館」と称して、本を並べお茶を出して、新しい利用者開拓をしました。芸術関係の方が多いことに目を付け、近隣の美術館などの協力を得て、アート関連の本を借りるとスピードくじで招待券プレゼントなんて企画もしました。

　内山氏がいつも留意していることは3つ。まず、イベントは欲張らず、継続可能なものは、利用者に待つ楽しみが生

まれるよう、毎年同じ時期に開催します。2つ目は、限られたリソース（時間、人手、予算）をどこに投入するかを見極めること。最小のリソースで最大の効果を心掛けています。そして最後に一番大切なことは、結果は遠慮なくアピールする。知られていないサービスはやっていないのと同じ。成果を見せることで、議員や図書館応援団など様々な人を巻き込みながら図書館は発展していきます。自前のブックカバープレゼント企画は新聞にも掲載されました。

　他の部署で培った統計力で分析すると、この2年間で貸出冊数は59%、延べ人数51%、実人数28%とアップし、当初の目標値を超えました。人や予算を獲得するためには数値による説明が不可欠です。この数値を裏付けに、人員や資料費アップを交渉しました。やってきたことは、地道なことの積み重ね。小さな図書館には予算も人手もないけれど、思いついたらすぐに取り掛かれる小回りの良さがあります。デメリットをメリットに活かしました。

　今後のやるべきは、除籍をすること、郷土資料コーナーを充実させること。自分がいなくなっても運営できるようスタッフの育成も欠かせません。

　「何より黒部館と一緒に発展することが市のサービスの充実につながる」と話す内山氏に、図書館は自治体の一組織ということを改めて気づかされました。

⇒その後の追記

　内山氏は2018年度から除籍にも着手しました。書架ダイエットのおかげで、本の見え方も違ってきているようです。

ハンモックタイム

＜新人ミッチーの鮮烈デビュー＞

　会社のキックオフで新人たちは1年の反省と余興があったのですが、なんと我がグループのミッチーはチャイナドレスで登場。このドレスを着るために2日間なにも食べずにいたそうです。お化粧もして、これがまた及川光博ばりに奇麗なんです。中にはうっとりして怪しげな視線を送る男性SEも見受けられ、他のグループからは「いい教育してるね」と皮肉な誉め言葉まで頂戴しました。皆さんにお見せできないのが残念です。私に事前に知られるとデジカメ持ってくるのはわかっているから、本番まで誰にも内緒だったのです。

第3章
事件は図書館現場で起きている

　図書館のカウンターには、毎日多くの利用者が訪れます。本を借りに来る人、返す人。中でも、調べ物の対応は、司書の大好物です。司書の力量が一番問われ、力が発揮できるからです。みんな手ぐすね引いて待っています。

　それに引き換え、クレーム対応は、とても大きくて厄介な仕事だと思われています。でも、そんな利用者もお客様です。図書館はサービス業でもあるからです。一見クレームと思われる利用者にどうやって接すればよいのか、ヒントを求めて、クレーム対応セミナー研修に参加しました。

　そして、思ったことは、対応する司書にゆとりがなければ、クレームも起きやすいということです。司書の環境もクレームの要因に影響することがわかりました。

最近の図書館は、指定管理者制度の採用と非正規雇用の割合が随分と増えました。その背景にあるものを知りたくて、非正規雇用職員セミナーも受講して皆さんにお伝えしました。とても根が深いものですが、非正規雇用の皆さんの待遇改善を切に願っています。

　社会的な環境変化のほかに、自然災害にも図書館は対応します。2011年3月11日に私がこだわるのは、私自身が松島にいて震災に遭遇したから、単なる傍観者ではいられないからだと思います。

　そんな図書館の現場で起きているコラムを、この章でまとめてみました。

1 人間関係のスキルをみがく：
   川合健三氏のクレーム対応セミナー基本編

　クレームとは何でしょう？

　何が理由かはわかりませんが、とりあえず相手は何かに怒っているのです。そして、そのことを伝えようとしています。

　私達がクレームに最初に対応する場面は、幾つかあります。

①メールや葉書で、クレーム内容が送られてきた時

②クレームの電話を受けた時

③目の前でクレームの応対をする時

　アメリカの心理学者メラビアンは、人物の第一印象は初めて会った時の３〜５秒で決まり、その人物を評価する情報との関係を唱えました。

　　総合評価＝言語情報（7％）＋声のトーン・口調や速さ
　　　　　　等（38％）＋表情やしぐさ等（55％）

　顔の表情も声のトーンもわからないメールが一番厄介なのも頷けます。

　クレームは、最初にどう応対するかがカギになります。

クレームは、お客様が勘違いや思い込みをしている場合が少なくありません。

だから、応対する側は、相手の話をさえぎってでも、「丁寧に説明してあげなければ」「正しい答えを教えてあげなければ」という態度になってしまいます。

では、クレームを言う側は、どんな思いで言っているのでしょう？

・期待外れの不平や不満
・「これはおかしい！」と、本人は絶対的自信を持っている（多分に思い込み？）
・今まで信頼していたからファンだからこそ、あえて、言っている
・怒りや失望や悔しさをわかってほしい

一方で、「『こんな些細なことで』と思われるかしら？」「うまく話ができるかしら？」と、不安な気持ちもあるのだそうです。

クレーマーは、自信と不安が入り混じった複雑な心境なのに、応対者に威圧的に対応されては、良い結果が生まれるわけがありません。

応対者は、「最初の出会い」で自分たちの正義を主張してはいけません。

お客様は、解答が欲しいわけでも何かを説明してほしいわけではなく、気分よく文句を聴いてほしいのです。クレーム

対応の大前提は、貴重で大切な意見や感想を提供してくれるお客様を尊重し、認め、応対することから始まります。

クレームも、「ピンチはチャンス」と考えれば、立派なビジネスチャンスです。

では、「お客様は全て正しくて、神様なのか？」といえば、それも違います。相手が、応対者の人格を否定したり、暴力をふるったり暴言を吐く場合は、実務的／法律的な応対も勿論あります。

そこで、質問です。お客様が２冊の本を持ってきました。「どっちが面白いですか？」と、尋ねました。

さて、あなたはどう答えますか？

「好き好きですね」と答えたあなた、クレームの応対として考えた場合は、失格な応対になるかもしれませんね。クレーム応対では、相手の言い分を‘受け容れて’、‘共感して’、そのまま相手に返すことが求められます。

人とのコミュニケーションを円滑に行うには、一連のサイクルがあるのです。

このサイクルを回すために必要なことは、まずは、相手との信頼関係を構築することです。心理学では‘ラ・ポール’と呼ばれています。ラ・ポールは、傾聴（受容と共感）の繰り返しから生まれます。

[相手]　　昨日買ったんだけど、シミがついてるのよ
[こちら]　昨日お買い上げいただいたのですね
[相手]　　そうよ、今朝、着ようと思ったらシミがついてるのよ
[こちら]　今朝着ようと思ったらシミがついてるのに気づいたのですね……

と、ひたすら相手の言うことに忠実に同じ言葉を繰り返して聴いていく、これが傾聴です。

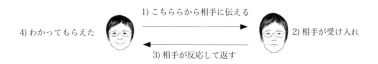

　間違っても「そんなはずはありません。あなたがどこかでシミを付けたのではありませんか？」なんて言ってはいけません。相手はますますエスカレートしていきます。

　相手の言い分を、疑問を挟まずに、ありのままに聴きいれる姿勢を、「受容と共感」といいます。

　自分の価値観を横におけなくて、先入観や思い込みや早とちりなどがあると、中々相手を受け入れることができません。私も心理学を学びたての頃は、「相手の言葉の反復をして何になるの」と反発ばかりしていました。

　でも、ひたすら相手の言い分を十分に聴いていくうちに、相手は「私の気持ちがわかってくれた」と安心感や安堵感を

抱くようになります。

相手に溜まっていたマグマを丁寧に吐き出してもらうことができたら、もうしめたものです。

怒りや不安の中にいるお客様に、落ち着いていただく3つのスキルがあります。

①うなずき

②あいづち

③繰り返し

この3つのスキルを、組織全体で、同じ意識で、同じ行動で共有化することがクレーム対応には必要とのことでした。

「あなたはそう思っているのですね」と共感し相手を受け入れることは、こちらのミスを認めたわけではありません。

責任を認めるときは、以下を総合的に判断します。

①こちらに瑕疵・欠陥・過失があるか？

②その結果、お客様に多大な損害が発生したか？

③「瑕疵・欠陥・過失」と「お客様の損害」との間に相当な因果関係があるか？

④お客様の要求が損害に比べ過剰ではないか

⑤お客様のクレームに対する態度は？

特に、ハードクレーマーへの対応は、組織をあげて、一貫した態度が必要です。

①先ず自分の名前を名乗り、場合によっては相手の氏名をメモに書いてもらい、ベテランに対応を引き継ぐ（相手が氏名を書くことを拒否した場合は、すぐにメモを引っ込める）

②承認を確保するため、ひとりではなく複数で聴く

③事実関係を収集し、相手の要求を確認し、その事実を確認する

④組織で事実関係との対応を検討し、その事例を共有化する

⑤ 'No' は明確に伝える（曖昧な返答はタブー）

テレビで、どんな質問にも、ただひたすら詫びている姿を見たことはありませんか？　あれは、「ブロークンレコード」と言って、立派なクレーム対応なのだそうです。

「受容・共感」はクレームに限らず、職場の人間関係にも大いに使えるスキルです。

私も在職中にもっと早くに学んでいたら、もっと充実した人間関係が築けたのにと、今頃悔やんでいます。

2 職員を大事にするスペース：石狩市民図書館 （北海道）

　石狩市民図書館では、清水千晴副館長が対応してくださいました。「まちに図書館をつくるのではなく、図書館の中にまちをつくる」という理念をかかげて誕生した図書館は、菅原峻氏、植松貞夫氏など錚々たる方々の想いが詰まった建物と聞いていましたが、図書館の設計は意外にシンプルでした。

　だからこそ、なのかもしれません。動線も効率よく設計されているのです。本棚は総じて低く、コーナーごとに色分けされてシンプルに配置されています。最初から滞在型図書館を目指していて、椅子の数が半端じゃない。子どものコーナーには、可愛い花柄の形と色使いの椅子。コーナーの用途に応じて配慮がされています。

　バックヤードも見せていただきました。日本には珍しい、ゆったりとしたスタッフルームです。働く人が笑顔でいなければ、利用者にも最善のサービスが提供できないとのコンセプト。「この存在のおかげでリノレッシュできているのか、当館のカウンターでのスタッフの接客は、利用者の方々からお褒めをいただくことが多いです」とは、副館長の弁。素晴らしいの一言です。

　目に留まったのは、郷土資料が貸出禁止ではないことです。

これは開館当初からの信念で、今も、その精神が引き継がれています。伊万里市民図書館もそうですが、敢えて「市民」と付く図書館は、気骨を感じます。

　石狩市民図書館は、2015年4月に沖縄県恩納村文化情報センターと「友好図書館協定」を締結しています。南と北と、遠く離れた図書館で、どんな情報交換がされているのでしょう。

3　非正規雇用職員セミナー：同一労働同一賃金

　かつて私は非正規のパート職員として8年ほど働いた経験があります。昔は女性の仕事の多くはお茶くみ要員で、結婚で退社すると御祝儀が出ました。私は、男性とは待遇が違うものの正規採用され、結婚後も仕事を続けていましたが、産休取得の前例がなく止む無く退社。そして、出産直後に、以前の上司から誘いがあり非正規のパートで仕事に復帰しました。パートといえども、残業も徹夜も出張もあり、その分待遇は考慮してもらっていました。それでも8年経って飛び出したのは、非正規のパートでは10年後の自分の姿を思い描けなかったからでした。

　図書館で働く人々に非正規の方が増えています。社会的環境が整ってきた中、私たちの時代と何が違うのか、2017年6月に、日本図書館協会非正規雇用職員に関する委員会が開催した、上林陽治氏（公益財団法人地方自治総合研究所）による、'非正規雇用職員セミナー「同一労働同一賃金」～政府の非正規雇用政策を考える～'のお話を伺ってきました。

　上林氏の著作『非正規公務員』によれば、自治体の常勤（正規）／非常勤（非正規）の区分には、定数、勤務時間、業務内容、任期の4つの要素があります。業務内容が恒常的・本格的で、任期はなく、フルタイムで働き、定員区分が定数

内の職員が、常勤職員となります。退職後の再任用職員は、任期付きの定数内常勤職員です。本来的な非常勤職員とは、短時間勤務で、補助的・臨時的な業務につき、任期の定めのある職員のことをいいます。

　ところが、社会の変化が著しく、高齢化に伴う福祉事業など利用者の要求は益々高まり、自治体職員の定数内では仕事が収まらなくなってきました。実際には、本来的非常勤職員、常勤職員のほかに、業務内容も勤務時間もさして変わらない常勤的非常勤職員という３層構造になっているのが現状です。前置きが長くなりましたが、非正規雇用職員セミナーの内容を紹介します。

1）各種統計からみた正規職員、非正規雇用職員の割合、特に収入格差状況

　最初に、各種統計表を分析し、実態の把握をしました。

　総務省による職種別臨時・非常勤職員数調査では、2016年以前には「図書館員」の職種はなく、過去３回は「その他」や「一般事務職員」に含まれていました。「図書館員」の職種ができた2016年の調査でも、学校図書館司書は市町村が独自に雇用しているケースが多いため、「その他」に含まれています。自治体の雇用の仕方や回答によって、数値が入る項目が違うのです。

　職種別正規・非正規率統計では、一般事務職／技術職／医師／看護師など11項目の全職種の中で、非正規職員の割

合は図書館員が一番高く 65.3％に及びます。図書館で働く
3人に2人は非正規職員というわけです。この数値には指定
管理や委託は含まれていず、実態はもっと多い数値になりま
す。技術職員の割合が 4.2％で一番低いのは頷けますが、医
師も 27％あり、医師といえども安定した職業とは言えない
時代を反映していました。保育士や給食調理員が図書館員に
続いて高く5割を超えています。

　日本図書館協会『日本の図書館』の 1991 年からの各年度
から作成した統計で、1991 年と 2015 年を比較すると、専
任職員数（13,631 → 11,105）と減少しているのに対し、臨
時・非常勤職員数は（3,345 → 16,575）と、25 年間で5倍
の人数に増えています。ということは、臨時・非常勤職員の
仕事の内容も変わってきていると察せられます。

　『日本の図書館 2015』の雇用形態別の司書資格保有率をみ
ると、〔専任職員 52％：臨時・非常勤 56％：委託派遣 58％〕
という保有率の逆転現象が起きています。司書の専門職採用
の図書館が減り、正規職員は図書館以外の他部署へも異動対
象となるための減少と察します。

　埼玉県下自治体・図書館員の正規・非正規年収格差統計で
は、非正規の報酬をフルタイム換算した年収と、正規の年収
を比較しました。自治体による差異はあるものの、非正規の
報酬は、平均で正規の3割台に止まっています。年収 200
万円をボーダーにするワーキングプアを構造化して自治体が
運営されていることが如実にわかる資料でした。

一方、東京・市部・図書館員の正規・非正規年収格差統計を見ると、非正規は東京都の最低賃金レベルという市も幾つかあります。地域によって年収の格差にも違いがあり、地方の状況はまた違うかもしれません。今回のセミナーで紹介された数字からいえることは、先に述べたように常勤的非常勤職員が多く、仕事の内容の差（常勤職員 100：非常勤 75）に対して、報酬は常勤の 3 割という差にギャップがありました。

2）同一労働同一賃金と同一価値労働同一賃金

　同じように働いているのに正規職員と何故賃金に差が出るのか？　賃金はどうして決まるのかという本題になり、「同一労働同一賃金」と「同一価値労働同一賃金」の違いについて説明されました。平たく言うと、賃金の基準が、「人」なのか、「仕事」なのかの違いです。

　政府の働き方改革において、「同一労働同一賃金」で着目されたのは「人」の働き方です。一方、「同一価値労働同一賃金」とは、人ではなく、仕事の価値を測り、仕事に応じて賃金を支払うシステムです。役所で働く正規職員は‘ジェネラリスト’といわれ、職務を限定せず、何でもやります、どこでもいきますの「メンバーシップ型雇用」をとります。非正規職員は職務を限定した‘スペシャリスト’の「JOB 型雇用」ですが、日本型雇用システムでは職務を限定しない高い拘束力に賃金を支払うため、「仕事」基準での格差是正措置

は取れないということになります。

　そこで、図書館業務を分析して、正規職員と嘱託職員が同じ仕事をしているならば、同一価値労働同一賃金に当たるのではないかと、町田市立図書館で2010年に職務評価を実施しました。結果は、職務はほぼ同じでしたが、非正規の年収は正規職員の4割でした。

　図書館は女性の多い職場です。日本では女性が育児や介護などを家庭で担ってきた歴史があり、女性のケア労働は低くみられる傾向があります。介護士や保育士などは人の命を預かる職種ですが、賃金が高くないのは、女性の多い職場という要因があるのかと頷けました。

　そして、八王子市で実施された職務評価を、参加者全員でやってみました。本来は聞き取り調査で調査員が記入するほうが、バイアスがかからないそうです。評価項目は、以下の12項目です。
　①労働環境
　②精神的負担
　③身体的負担
　④感情的負担
　⑤利用者に対する責任
　⑥職員の管理、監督、調整に対する責任
　⑦金銭的資源に関する責任
　⑧物的資源・情報・契約の管理に対する責任

⑨身体的技能

⑩判断力と計画力

⑪コミュニケーション技能

⑫知識資格

　これらの質問に回答していきながら各項目のレベルを確定
し、そのレベルごとの重みの総得点で評価します。元は正規
職員で、今は非正規職員の方が、両方の立場でやってみると、
委託現場の総括責任者として非正規で集計した方が、得点が
高かったそうです。労働環境や判断力などの差は出にくいも
のの、非正規の責任者は、短時間スタッフを多く指導する立
場になるので、⑥の職員の管理、監督、調整に関する責任な
どが最高のレベルになります。また、「図書館内の業務を、
管理とサービスとに完全に切り分けてしまった場合は比較で
きないと思っていたけど、この評価ならば点数として示すこ
とができる」という方もいました。

　集計した結果から裏付けられるように、仕事の内容は、〔正
規：100／非正規：75〕であまり差は出ず、そうしてみると、
同一価値労働同一賃金なら、この賃金格差はやはりおかしい
という結論に至りました。

3）お話をうかがってみて

　上林氏のお話をうかがって、自治体には「定数」という
魔物が潜んでいること、図書館で働く7割は非正規職員で、

仕事の内容比率（正規 100：非正規 75）に比べ賃金比率（正規 100：非正規 30）にギャップがあり、「貧困を構造化して運営しているのが図書館」という実態は把握できました。それに、委託や指定管理の問題が絡まって、職員の雇用問題はさらに複雑化しています。

　かつて、情報を扱うのが司書の専門性でした。ところがインターネットの時代になり、図書館へ行かなくても誰もが情報を入手でき、図書館不要論まで生まれています。それでも、「インターネットの情報は正確性に欠け、正しい情報を見極めて提供するのが司書の役目」と、ある認定司書は言います。私は司書の資格を持っていますが、司書と名乗ることはできません。資格は免許皆伝と一緒で、その世界の入り口に立っただけのこと。切磋琢磨して実務経験を踏む中で、社会で認知されるスペシャリストは生まれていきます。

　司書の資格がスペシャリストというのではなく、今問題なのは、既にスペシャリストとして非正規司書が働いている実態があるのに、正当に評価される体制ではないということだと思います。常勤的非常勤者の仕事内容が常勤者と同じならば、やはり賃金格差はおかしいし、違いがあるなら、その部分にもスポットを当ててみるのもありかと思いました。

　私は自治体で働いた経験はありませんが、民間企業で正規も非正規も管理職も経験しました。民間企業でも終身雇用制が崩れ、JOB 型雇用制度を取り入れつつあります。それでも、やはり落とし穴があるのです。私は SE としてシステム開発・

導入・保守に関わってきましたが、SE というと、どうしてもシステム開発者が脚光を浴びます。でも、保守のような地味な仕事も実はとても大切なのです。業務の評価は個々ではなく、プロジェクト全体でおこなうべきと私は思っています。

　それは図書館とて同じで、司書が関わる直接サービスだけではなく、図書館運営に関わる基本計画や予算交渉、施設管理に至るまで全般を含めて図書館の仕事の評価だと思うのです。司書の方は、自治体の他の部署との接触などは苦手という方が多いように見受けられます。社会に認知されるためには、図書館の外に出ることも必要なのではないでしょうか。

　最近出版された砂生絵里奈編著『認定司書のたまてばこ』に登場される図書館の方々は、グローバルな視点を持ち、仕事に対する姿勢にプロ意識を感じました。こんな司書が増えて、社会の認知が変わっていくといいですね。

　ジェネラリストであれスペシャリストであれ、どんなに工夫をしても、全ての人に満足のいく評価はなかなかできません。それでも、若い方々がワーキングプアで働く状況は改善すべきだと思います。紹介したセミナーに参加できなかった人たちが、自分の置かれている環境を見つめる作業に、この記事が役に立てば幸いです。若い方々の未来に光がさすことを願ってやみません。

4 2011.3.11 東日本大震災

4.1 東松島震災アーカイブス：東松島市図書館（福島県）

　震災直後の東松島市図書館職員は、避難所対応などの業務に追われていました。そんな中、2011 年 3 月 24 日に被害状況をホームページにアップしました。図書館問題研究会のメーリングリストで紹介され、震災の一次資料の必要性を説く投稿を目にし、当時図書館に勤務していた司書の加藤孔敬氏（当時）のこころに小さな種が芽生えました。

　その後、市の復興計画「東松島市復興まちづくり計画」事業のひとつを図書館が担当。公益財団法人 図書館振興財団の振興助成金を元に「ＩＣＴ地域の絆保存プロジェクト」を立ち上げました。'アーカイブを残すことが図書館の使命'と、司書の加藤氏が感じての構想でした。震災の翌年 2012 年 6 月からスタッフ 4 人で協力し、2015 年までに市民 150 人から震災の体験談をインタビューし、被災写真や資料を収集・整理してきました。とはいっても撮影や機材の扱いは素人です。これらのレクチャーは、「311 まるごとアーカイブス」の方々に教えていただきました。また、申し込み用紙などは新潟県長岡市の事例を参考にしました。後は試行錯誤の模索の中で、知識やノウハウを身につけていったそうです。

　東松島市の多くのお店には、こうして作られた「まちなか

震災アーカイブ」の「震災の伝承」パンフレットが置かれています。お店にあるQRコードを携帯で読み取ると、東松島市図書館の「ICT地域の絆保存プロジェクト」へリンクし東日本大震災の状況を見ることができます。

　図書館の皆さんは、パンフレットを置いていただくために300以上のお店や出先機関を訪ね協力のお願いをしました。協力してくださった210の施設には、地元のお店や公共施設はもちろんのこと、国土交通省、タクシー会社なども含まれます。まさに、「足でかせぐ」作業でした。

　「ＩＣＴ地域の絆保存プロジェクト」には３つの機能があるといいます。
　①街中に残す
　　　お店などの施設はもちろんですが、まちの道路のあちこちにも「震災の伝承」の看板があります。
　②図書館の資料として
　　　被災資料の収集・保存のほかに、2003年の宮城県北部連続地震の教訓から、身近な図書館用品が防災用品にならないものかと防災ブックバッグも作りました。普段は紙芝居が入るサイズの図書館バッグや買い物バッグが、災害時には中に折りこんでリボンをほどくと防災ず

きんに早変わりします。作り方は図書館のホームページ
に載っています。

③活用方法

　　図書館が集めた資料を仙台放送が撮影・編集した
DVD『東松島市からのメッセージ』は、防災教育補助
教材として全国の機関に配布されました。この取り組み
の背景には、時間の経過とともに風化していく記憶を後
世へ伝え、同じ悲劇を繰り返さない強い想いが込められ
ています。震災アーカイブの DVD は英語版もあり、英
訳に協力してくださったボランティアの方々は、今も館
内で紹介されています。DVD は全国に配布したそうで
すが、図書館で個別に利用される場合は、東松島市図書
館へ問い合わせください。

　「まちなか震災アーカイブ」作成以降は、東北大学と市が
「災害協定」をタイミング良く結ばれたことをきっかけに、
官民連携の活動が続けられています。財源のことをお聞き
したら、2013 年度は緊急雇用創出事業、2014 年度以降は
復興交付金を利用しているそうです。2015 年度については
事業のステップアップを図ることをねらいとして「復興期
におけるアーカイブ」とし地道な努力で取り組んでいます。
商工観光課や復興政策課などとも普段から交流をはかり、
事業連携や財源確保などの情報には目を光らせています。

　交付金を使用しての短期採用では雇用の安定は図れないの

ではと個人的に思っていましたが、この作業で技術を取得して旅立った若者がいることを初めて知りました。イラストレーターを使ったパンフレットや看板のデザイン、デジタルアーカイブの収集〜公開作業(写真の整理やメタデータ付与、デジタル資料化)、ホームページの作成など、ちょっとした実地での職業訓練体験になったそうです。SE 経験の方や震災アーカイブへの想いに賛同し、東京からのUターンで応募するケースもあったとか。中にはその後、司書の資格を取得し、図書館で働いている方もいるそうです。若い方の可能性を広げる一役を担いました。

　QR コードの活用については、2016 年は東北大学と連携し、修学旅行や小中学校の防災教育教材としての可能性を探すべく、ワークショップなどの活用検証がされています。

　一方、作業はこれで完成したわけではありません。現在のQR コードでは、当時の地域状況を見ることはできますが、量が膨大なうえに写真が小さい、また、比較する震災前の過去のデータがないなどの問題点も出てきました。今後は枚数を限定し、震災後の復旧状態との比較ができるように工夫をしていきたいとのことでした。そのために、2017 年以降も、東北大学災害科学国際研究所の研究の一環として、産学官連携をさらに強化していきたいとのことでした。

　「震災を忘れないためにアーカイブを作ったけれど、もしかしたら一番忘れたいのは自分かも知れない。そうしなけれ

ば前に進めないから」。彼方を見ながらつぶやいた加藤氏の言葉が今も耳に残っています。

4.2 南相馬市立図書館（福島県）の場合

2017年4月、知人の車でナビに従い、常磐富岡インターで降りたところ、突然「待った！」がかかりました。まだ一般道を通れない区域があったのです。私たちはそこで原発事故の現実をいきなり突きつけられました。一瞬緊張したものの、高速はその先も通っているというので、再度高速に乗り、南相馬へ向かいました。人のいない景色の中でも、桜はきれいに咲いていて、自然の営みに胸を打たれました。

南相馬市は、2006年に、旧小高町、旧鹿島町、旧原町市が合併して誕生しました。合併前の旧原町市では、2002年から新図書館建設のために、市民ボランティアの方々が図書館友の会「としょかんの TOMO はらまち」を立ち上げて、伊万里市民図書館友の会「図書館フレンズいまり」などの友の会の話を聴いたり、幾つもの図書館を訪問し、自分たちの目指す図書館の姿を模索していました。そんな状況下での市町村合併でした。合併して南相馬市となり、図書館友の会は、「としょかんの TOMO みなみそうま」と改称し、市と協働の活動から7年を経て、2009年12月に南相馬市立中央図書館（以下、「中央図書館」）が開館しました。

ちなみに開館までに、図書館学者の塩見昇氏など著名人を招いた講演会は計15回、茨城県笠間市立図書館をはじめ研

修見学に行った図書館は学校含めて計6館、議長や市長にも署名陳情をお願いするなどの多彩な活動を行ってきました。結成当時30名だった会員は、今は200名を超す大所帯に成長しました。

　中央図書館を入るとすぐに、左側にカウンター、右側に堂々と図書館友の会のデスクがあります。こんな対等な並びは見たことがなかったので、ちょっとびっくりしたけれど、後日事情を聴き、納得しました。まさに、図書館と友の会は、共同体だったのです。

　中央館開館からわずか2年後の2011年に、東日本大震災が起きました。南相馬市の地形は、合併した3つの地区（小高区／原町区／鹿島区）を国道6号線がだんご3兄弟の串のように南北に連なっています。そして皮肉にも原発からの距離によって、同じ市でありながら、生活に大きな差をきたしました。避難区域の変遷図を見ると、とても複雑なのですが、概ね原発から20km圏内にある小高区は、2012年3月まで「警戒区域」と指定され、通行もできない状態でした。一方、20〜30km圏内にあった原町区は、「緊急時避難準備区域」に指定され、普通に生活はできる（宿泊もできる）が、緊急時には避難することを前提とする区域になりました。中央図書館は、この地域にありました。鹿島区は、津波の被害はあったものの原発の影響はほぼありません。

　この差は市民だけでなく、自治体職員にも大きな影響を及

ぼしました。普通の生活ができている職員がいる一方で、小高区に勤務していた職員は、市民の避難誘導に追われ、仮設住宅がなくなるまでその仕事に従事することになりました。津波や原発に対する意識のずれは、少なからず亀裂も生じ、離職する職員もあったといいます。合併してまだ基盤のできてない自治体です。「公僕」の一言では表せない現実を感じました。

中央図書館は震災後一時臨時休館となり、2011年8月に再開しました。再開当時、図書館職員の大部分は、市役所で災害対応業務に追われていました。退職者の影響もあり、必要最低限以下の職員数の中、友の会の力を借りながらの開館でした。通常業務に戻ったのは2011年12月頃だったといいます。私たちを案内してくれた高橋将人氏が人事異動で図書館に戻ったのは2012年4月。それから徐々に職員の欠員補充を新採用で行ってきたそうです。

図書館は開館したものの、避難場所で暮らす方々に本を届ける手立てがありません。2012年10月から、シャンティ国際ボランティア会が、市内7か所の仮設住宅に移動図書館を巡回させる支援を行ってくれました（岩手を中心にしたシャンティの活動は、鎌倉幸子著『走れ！ 移動図書館』に詳しく書かれています）。

2016年7月に避難区域がほぼ解除され、20km圏内の小高区では、6年ぶりに生活ができるようになりました。ただし、住民が本格的に戻り始めたのは、学校が再開した2017

年4月からでした。

　私たちは、「相馬野馬追」で有名な小高城の桜をみて、小高生涯学習センターへも伺いました。避難が解除されてすぐに開館したものの、市民は誰も住んでないので、誰一人来館のない毎日を、職員の方がどんな思いで過ごしていたかと思うと、胸が詰まりました。津波の傷痕も見てきました。小高区の村上海岸では、道路は無残にも押し曲げられ、家屋があった場所には主のいない庭に春の花が咲いていました。その先はすぐ海で、もうこの場所に住むことはできません。

　当時、移住者のない一部の山地で20km圏内の高線量制限が残っているものの、基本的には市内全域が2016年7月の区域解除をもって生活可能となっています。とはいえ、中央図書館の入り口や市内各所に、放射能測定器が今でも設置されています。

　中央図書館のことも少し紹介します。中央図書館は、2017年4月に開通再開したばかりの常磐線原ノ町駅のすぐ近くにあります。図書館の棚には、主題キーワードに触れたディスプレイ空間が時々出現します。たまに、段差の棚も飛び込んできます。車の運転と同じで、同じ並びで並んでいるより、ちょっとした目の刺激になるんだそうです。小部屋のようなコーナーが幾つかあり、それぞれのテーマに沿っての展示と、座って読めるように椅子が配置されていました。

　もちろん震災関係の資料は充実しています。高額な航空写

真も揃えていて、「必要な資料は保存するのが図書館の役目」と語ってくださいました。企画展示は、基本２か月の展示ですが、人の出入りも見ながら、場所を変えたり、展示期間を短くしたり、場合によっては常設展示に切り替えます。若い職員の皆さんの柔軟性を感じました。絵画や掛け軸も貸出します。この様子を知人は、「本が棚で喜んでいる」と評していました。

⇒その後の追記

　小高区は、避難解除後も冷凍品やパンなどを扱うお店しかなかったのですが、現在、生鮮食料品を扱う公益スーパーを建設中です。またひとつ普通のくらしの兆しがみえてきました。

　避難解除直後、幼稚園児は３人戻ってきました。そのうちのひとりは、相馬野馬追の血筋を引くお子さんで、今年も甲冑を着て参加されたとか。伝統も引き継ぐことができました。今は１３人の園児が元気な声で駆け回っています。

ハンモックタイム

＜5月9日決行デー＞

　うっぷんが溜まってくると、遊びが始まります。連休前日、社内の引っ越しの準備でマシンも早々に使えなくなり、全員が揃うのも珍しいので、そのまま飲みに行きました。宴もたけなわの頃、誰かが「10連休の間に、ひげの濃いリーダーとアニソン君がひげを剃らずにいたらどうなるか？」と言い始めたのがきっかけでした。それならいっそ全員変身しようということになり、各々にミッションが与えられました。

・ひげを連休中延ばしてくる
　　（どこまで延びるかモルモット状態）
・ルパン三世の派手なるルックスで会社に出勤
　　（真面目な真面目な隣のグループの人）
・ピンクのスカートに化粧をしてくる
　　（極普通のことだが、マドンナには大事件）
・金髪、シルバーに髪を染めてくる
　　（ミッチーとシュー君は、始末書覚悟で出勤か？）
・パンチパーマ
　　（子どもが怖がるからと、サブちゃんは本気で嘆願して免れた）
・阪神ルックスの白黒縦染め
　　（ちなみに、一郎君は大の巨人ファン）

　私も例外は許されず、パーマにメッシュをする羽目になりました。
　連休の6日目に関西ユーザーの立ち上げがあり、現地入りしていた2人にプレッシャーを与えるべく、さっさとメッシュを実行して、一発パンチを与えました。
　そして運命の決行日、会社につくと、リーダーのひげは様になってるんですよね（ちなみに彼はひげが気に入り、今も伸ばしています）。最初から観念組もいましたが、ミッション通りとはいかなくても努力の跡が見えた人は、とりあえず勝ち組に名乗りを上げました。私たちのバカ騒ぎを聞きつけた人たちが、怖いもの見たさに、数日は見世物状態でした。やはりバカな集団だって（本人たちも自覚してます）。

第4章
SE からみた可能性

　社会のインフラや環境が変わればシステムにも変化があるように、図書館の運営自体にも変化が現れます。私が最初に図書館に出会った頃は、ほとんどの公共図書館は独立した建物の図書館でした。それが今では、複合施設が当たり前。子育て支援やビジネス支援などに取り組む図書館が増えています。図書館は森羅万象どんなことにも対応できる空間です。地域の環境が変われば図書館のニーズも変わります。

　「エコノミック・ガーデニング」の言葉を最初に聞いたときは、図書館で植物でも育てるのかと思いました。実は、ビジネス支援の手法なのです。

　若い方々の本離れを食い止めるべく、本に親しんでもらうために、ゲーム感覚で行われる「ビブリオバトル」。私も最初は「バトル」の言葉に抵抗がありました。でも、観戦してみればそれなりに楽しいもので、食わず嫌いに近いものがあ

りました。

　ウィキペディアは、ちょっと調べものをする際のとっかかりとして、多くの方に利用されています。そんなウィキペディア編集が、実は図書館と相性の良いことを実際に経験してみて発見しました。

　高齢化社会を迎え、高齢者サービスのあり方も問われています。児童サービスの双極となる高齢者サービスに、図書館で回想法に取り組んでいると聞き、最初は戸惑いがありました。回想法は、思い出を語ることで人生を振り返る心理療法のひとつです。会社での不幸な出来事がきっかけで心理学を学び始めて、人の話を聴くという傾聴の難しさを感じていたからです。図書館で本当にやれるのか？　回想法トレーナー養成講座を受講し、ボランティアで回想法トレーナーも経験しました。そして、回想法に取り組んでいる図書館を実際に見学して報告させていただきました。

　今後の図書館サービスの可能性を、この章でまとめてみました。

　事例には記載されていませんが、高齢者サービスでは、音読講座もスポットライトを浴びていることも付け加えておきます。

1 エコノミック・ガーデニング

1.1　エコノミック・ガーデニングとは？

　エコノミック・ガーデニング（以下、「EG」）は、1980 年
代後半にアメリカのコロラド州リトルトン市で初めて実施さ
れた地域経済活性化施策です。軍需工場だった跡地を企業誘
致に頼らず地元産業を伸ばすべく、戦略的判断支援ツールと
してデータベースを市が購入し、情報を企業に届けて支援
機関との連携をはかりました。試行錯誤を繰り返しながら
15 年間で雇用 2 倍、税収 3 倍を実現したことで注目を浴び、
現在では全米の多くの都市に広がりを見せています。これま
で、地域の活性化と言えば企業誘致が主でした。でもその企
業が撤退すると町には何も残りません。

　この手法は企業誘致だけに頼るのではなく、地域の中小企
業が成長することによる地域経済活性化を目指しています。
そのために行政や商工会議所、銀行などが連携しながら地元
の中小企業が活動しやすく成長できるようなビジネス環境を
つくるための施策を展開していきます。

　この EG に図書館がどんな支援ができるのかが、2015 年
の情報ナビゲーター交流会で話し合われました。

　日本でも既に、徳島県鳴門市や大阪府で実績があります。
EG は、これから育つ若い企業や高い成長率が見込める企業

の、意識の強い経営者が対象です。それも金融支援にとどまらず5～6年の長いスパンにわたり事情に合わせた取り組みが行われます。ある意味 EG は「えこひいき」をするのです。この批判には、「不公平をいっぱい作ったら公平になる。だから、伸びる企業を重点的に支援する」と話していました。

　EG は、今までの役所にはなかった「発掘」して「育成」する発想です。具体的なターゲット企業につなげ、個別の企業の売り上げを増やしていきます。そのために、仕組みをつくり運営する人、経営変革に貢献する人、専門的な分野につなぐ人、と、新しいキーパーソンネットワークを作っていきます。話を聴きながら、紫波町のオガールプラザが脳裏をかすめました。

　図書館が EG に参画する理由は、図書館の敷居の低さです。図書館は商工会議所などに比べると、誰でも入りやすいのです。その特性を生かし、企業の経営者に足を運んでもらう仕組みを考えます。詳細は、エコノミック・ガーデニング鳴門や EG 大阪を参照ください。

　大阪府豊中市の図書館の方が、「実際に活動に参加してみて、図書館は情報を探すプロ。EG に参加することで、図書館の外の活動が見渡せるようになった」と、話していました。

1.2 山武市さんぶの森図書館の「ツナガル。」図書館を
目指して（千葉県）

EG は、情報を扱い、情報をコーディネートすることです。豊山希巳江氏は、実際に EG をやろうとしても 2015 年の情報ナビゲーター交流会では、EG の切り込み隊長として、「とにかくやります」と宣言するのが精一杯でした。

あれから 2 年。第 64 回図書館問題研究会全国大会での発表は、2 年間の彼女の活動軌跡でもありました。彼女の活動は、色々な方々と「ツナガル。」ことで道が開けていきました。どんな人とつながっていったかというと、

- 利用者とツナガル。
- ボランティアとツナガル。
- 行政職員とツナガル。
- 市内の組織とツナガル。
- 全国の元気な公務員とツナガル。

図書館の人たち、特に司書の専門職採用の方は、本庁の方々とパイプを持つのが苦手なようです。素晴らしい活動をしていても、知られていなければ評価もしてもらえず、やっていないのと同じです。豊山氏は、利用者やボランティアの方々とつながって図書館の活動をアピールし、サークル活動を通して本庁の方々とパイプを作ってきました。

でも、何かが違う。図書館の活動は果たして本庁と連動しているのか？　自治体のホームページや広報に目を通してき

たか？　そんな自問自答をしていた時に転機が訪れます。

　山武市には、わがまち活性課という部署があり、地域活性化を担っているその部署でEGの経済手法を用いることになり、EGを日本に持ち込んだ拓殖大学の山本尚史先生がアドバイザーとして迎えられました。彼女も同時期に山本先生の講演を聴いていたので、自分も勉強会に参加したいと申し出ますが、聞き入れてもらえません。思っていた以上に壁は厚かったのです。

　そこで、方策を変えました。社会福祉協議会や中小企業経営者、商工会議所に働きかけて、閉館後の図書館を会議の場所として提供することを提案します。会議の場所探しをしなくて済むならと快諾してくれました。会議では、その時課題になった情報や話題に上がった情報を、その場ですぐに図書館内から探して提供しました。やがて皆さんに、図書館がビジネス支援にも役に立つことが認知されていきました。

　山武市には３つの図書館があり、例にもれず効率化の話もちらほら聞かれるようになりました。そこで、図書館毎に特色を持たせようと、さんぶの森図書館はビジネス支援を優先にする蔵書構成に変えました。わかっていたことですが、貸出はやはり落ちました。それでも、活動のアピールは大事と、認定司書を取得したことも市長に報告し、地域活性化センターなどにも出向き、様々な情報を入手して、図書館運営の参考にしています。

豊山氏が図書館以外のイベントに出て改めて思うのは、図書館関係者に出会うことがないことだといいます。図書館の活動が図書館の中だけで終わっているのではないか。そんな疑問も提示されました。市町村アカデミーでおこなわれた「全国地域づくり人材塾」では、全国の元気な公務員とつながりました。

さらに、2017年の11月には、東北で元気な自治体職員とつながり、地域活性化センターへとつながっていったのでした。

⇒その後の追記

豊山氏は、2018年4月から成東図書館に異動しました。でも、EGの活動は、さんぶの森図書館で続けられています。

2 ビブリオバトル全国大会：生駒市図書館（奈良県）の取組みから

　ビブリオバトルって、ご存知ですか？　ビブリオバトルは、小学生から大人まで楽しめる本の紹介コミュニケーションゲームです。ルールはいたって簡単です。

①発表参加者が読んで面白いと思った本を持って集まる

②順番に、ひとり5分間で本を紹介する

③それぞれの発表の後に参加者全員でその発表に関するディスカッションを2〜3分行う

④全ての発表が終了した後に「どの本が一番読みたくなったか？」を基準とした投票を参加者全員で行い，最多票を集めたものを‘チャンプ本’とする

　「人を通して本を知る。本を通して人を知る」をキャッチコピーに、日本全国に広がっていて、ビブリオバトルの公式ウェブサイトもあります。実は私、ビブリオバトルは、なんだかプレゼンテーション能力を養う教育的な空気を感じて苦手でした。そんなビブリオバトルの全国大会が生駒市図書館で開催されると聞き、仲間と一緒に行ってきました。

　今回は、図書館を指定管理者の運営に任せる自治体が増えている中、市直営で市民と一緒にまちづくりを進める拠点と

して、「人と本との出会いの場、人と人とがふれあいを深めることのできる場」を目指す、奈良県生駒市図書館のビブリオバトル全国大会をはじめとするユニークな取組みを幾つか紹介します。

1）ビブリオバトル全国大会

　『夜は短し歩けよ乙女』で山本周五郎賞、本屋大賞（2位）などを受賞し注目を集めた森見登美彦氏は、生駒市出身の作家です。生駒市のビブリオバトル活動は、2012年に森見氏の講演会を企画し、講演会の前に森見氏の本からテーマをとり、図書館でビブリオバトルを3回開催したのがきっかけでした。最初はどんなふうにすればよいかもわからず、奈良県立図書情報館を参考にしたり、ビブリオバトル普及委員に協力を仰ぎました。そこで、「続けたい！」という声が上がり、半年後には生駒ビブリオ倶楽部（以下、「倶楽部」）が立ち上がり、図書館と共催で毎月1回ビブリオバトルを開催しています。また、関西大会に参加していたひとりの中学生がきっかけで、図書館と中学校のビブリオバトルでの交流が生まれ、市内中学生大会を開催することになりました。学校ごとの対抗戦にならないよう配慮して、他校との交流やYA世代の読書推進に一役買いました。さらに全国大会まで開催するようになり、図書館と倶楽部で "Bibliobattle of the Year 2016" を共同受賞するまでに育ちました。

　ビブリオバトルは、本に興味がなかった人でも興味を持つ

てもらえるし、今まで手に取らなかったジャンルの本も読むようになり、終わった後の交流会は職業も年齢も異なるメンバーとの一種の異業種交流にもなっているといいます。月に一度の開催では、大人に混じって、小学校2年生のお子さんが自分の意志で参加したこともあるそうです。チャンプ本は逃したそうですが、決して多くないボキャブラリーを駆使した姿が目に浮かびます。ビブリオバトルは、プレゼンテーション能力だけではない「'今ここ'の想いをどれだけ伝えられるかが神髄」というのも頷けました。

　生駒のビブリオバトル全国大会は、北は北海道、南は長崎県まで、中学生から80代までの32名のバトラーで、午前中に予選があり、午後は朝井リョウ氏のトークイベントの後に決勝戦がありました。朝井氏が目当てで400人もの人が集まったと思いきや、トークイベントが終わった後もほとんど席を立たず、ビブリオバトルを観戦しました。会場内には、ときに、感嘆や驚きや笑いが聞こえ、和気あいあいとした雰囲気の中で進行し、終わった後は爽快感にあふれていました。

　バトルというと競争をイメージしがちですが、「勝ち負けはあるけれど、プレーそのものを楽しむスポーツ観戦の視点がある」との友達の鋭い指摘に納得しました。同行した仲間の中にも私のようなひねくれ者がいたのですが、少なくとも、生駒のビブリオバトルは全員楽しく観戦しました。

　ちなみに、チャンプ本は『不思議な文通』でした。5人のバトラーが紹介した本は、どれも面白そうで、そのまま「お

すすめリスト」に使えそうです。

2）本の宅配サービス

　本の宅配サービスのきっかけは、「本を届けるボランティアをしたい」という利用者の申し出でした。

　本の好きな方が、病気や足腰の老化で、図書館へ行けなくなったら一大事です。「自分が図書館へ通えなくなった時に、そんなサービスがあったらいいな。だから、元気なうちは、本を通じて誰かの役に立ちたい」きっとそんな想いもあったのではないでしょうか。そこで、6年前に地区を限定した宅配サービスが始まりました。最初は利用する人より宅配ボランティアのほうが多かったという話に、いかにも謙虚な日本人らしさを感じました。意地悪な私は、個人の相性の問題とか、トラブルはなかったのかと、しつこく聞きました。もちろん心配はしていましたが、それらは取り越し苦労に終わりました。貸出返却の本の管理やプライバシーなどの配慮は必要でしたが、対応策を考えて検討していきました。そして、2016年から市全域にエリアを拡大し、現在40名を超える宅配ボランティアが本を届けています。区域を広げると想定外のことも起きたそうですが、今後もその都度対応を考えて続けていきたいとのことでした。

　本の宅配サービスは、利用する人に対し数人の宅配ボランティア体制が組まれていて、ボランティアの方に負担がかからない配慮がされています。読みたい本は、図書館に直接連

絡が入ることもあれば、届けに行ったときに聞いてくること
もあります。手渡しするから会話が生まれるのです。本を用
意して、配達時間や届けるボランティアの調整も図書館が行
います。届けるのは、本だけでなくて、人と人のつながりな
んですね。

　宅配ボランティアのほかに、「耳で楽しむ本の会」という
ボランティアもあります。毎月、時代小説やエッセイなどが
音訳の技術を生かして朗読され、視覚障がい者だけでなく誰
でも参加できる楽しみの場となっています。人に聴いていた
だくには専門的な練習も必要で、「してあげる」思いでは続
きません。朗読する側も聴く側も、双方向に与え合っている
ものがあるからこそ続いているのだなあと思います。

3）糸賀雅児氏の「図書館とまちづくりワークショップ」

　向田真理子館長（当時）は生粋の図書館人。庁内の各課と
の連携も率先しておこないます。図書館を理解していただこ
うと、市長に全国の図書館をめぐっている糸賀雅児氏（当時
慶應義塾大学教授）の活躍を話していました。図書館をまち
づくりの拠点として期待していた市長は、東京に出張する機
会があった前日に、糸賀氏へ連絡をし、翌日研究室まで伺っ
て、ワークショップを直接お願いしました。

　2016 年秋に計 3 回、糸賀氏をコーディネーターに開催さ
れた市民参加型の「図書館とまちづくりワークショップ」は、
こうして生まれました。ワークショップは、高校生から 70

代の方まで22人が参加し、3班に分かれて、「人と本、人と人をつなぐ図書館」をテーマに、アイデアを出し合ってもらいました。市長も2回顔を出されたそうで、糸賀氏もびっくりしたそうです。

　ここで提案された優秀賞のうち、2017年度は以下の2つのアイデアに予算がつき、市民と一緒に開催しました。
　① 〈お茶会＠北分館 × 茶筌のふるさと〉
　　生駒市の特産品である茶筌に注目して、お茶会を図書館施設でおこなう。
　　伝統産業を守るとともに、子どもたちの身近にお茶があり、おもてなしの心を持つ生駒となる。
　　茶筌やふるさと生駒全般に興味を持ったら、図書館資料で学ぶことができ、茶筌づくりの話を聴いたり体験することはもちろん、地元の竹が手に入りにくくなったことを知れば、里山の自然を守る活動をされている方と交流するなど、広くまちづくりに関わる。
　② 〈本棚のＷＡ〉
　　生駒にゆかりのある人をゲストに迎え、トークや本の紹介とともに参加者が体験し、集まった仲間と語り合うことでいろいろな興味や発見を引き出し、図書館の本でその興味をさらに深め広めることができる。
　　本や図書館に関心の薄い層にも訴求するようなテーマを企画する。

4) 駅前図書室木田文庫

　生駒市図書館は、分館分室ごとに、とても特徴のある図書館運営をされています。駅前図書室は、駅の賑わい創出に、一役も二役も買っています。

　駅前図書室の棚は、一般書と児童書の混配です。最近の本は、児童書といえどもあなどれないから、図書館の規模や利用者によっては、これもひとつの選択肢かなと思いました。子どものお話し会の部屋の裏に、人がひとり通れるぐらいのデッドスペースがあります。それをあえて潰さずに、子どもが鬼ごっこ感覚で遊べる工夫がされています。児童コーナーの外の小さな滑り台は気分転換にもってこい。遊びに飽きるとちゃんと本を読むために戻ってくるそうです。そのほかにも、6畳ほどのスペースをうまく使ってイベントをしたり、ウナギの寝床のようなスペースに椅子と机を配置したり、心憎い演出が随所にありました。

　図書室の本は本館に比べて少ないですが、駅前とあって、本の動きは活発です。本館に配送する前のわずかな時間も見逃さず、本を借りられる仕掛けがありました。

　館内に民間のカフェはありませんが、珈琲会社とのコラボで、自動販売機に独自のPOPがありました。豆も生駒特製ブレンドです。こんな心憎い演出に協力してくれる業者がいるのです。想いが人をつなげているのかもしれません。

　そのほかにも、「図書館 de 婚活」「本 de しりとり」をはじめ、

ユニークな企画が目白押し。経済振興課や役所の中だけでなく、商工会議所などとの連携イベントもします。

目指したのは、「つながる図書館」。図書館の敷居は低くて、間口は広いのです。「何か頼まれたら、'やる'、'行く'」が向田館長のモットー。「余分な仕事」「失敗したら？」なんて妄想は取っ払って、ちょっとしたきっかけが、「人と本、人と人」をつないでいきます。

⇒その後の追記

2017年度のふたつのアイデアは、Web公開時は仮題でしたが、正式名称にて過去形で記載しました。

ハンモックタイム

〈自動電源トラブル〉

マシンが自動的に立ち上がらないトラブルがチラホラ入ってきます。以前は、夏時間／冬時間の設定による嘘のような本当の話もあったのですが、場所によっては、月末に必ず立ち上がらない図書館も出てきました。ハードウェア保守会社にも連絡を取って原因究明をお願いしています。一方で、今SEは2か月で6館立ち上げるという超殺人的スケジュールの真っ最中。自動電源トラブル以外でも対応がままならず、色々な図書館に御迷惑をおかけしています。少し落ち着くまでご協力をお願いします。

3 ウィキペディア

3.1 ウィキペディア編集体験

ウィキペディア（以下、「Wikipedia」）ってご存知ですか？誰でも編集できる、信頼度は今ひとつの Web 上の百科事典と思っている方が多いのではないでしょうか？

Wikipedia は、非営利団体「ウィキメディア財団」が運営するプロジェクトのひとつで、Web 上の百科事典です。Google や YouTube、Facebook、Baidu に続いて、世界中で 5 番目にアクセスが多いサイトなんだそうです。皆さんも、調べ物のとっかかりに利用されているのではないでしょうか？　ちなみに、「ウィキ」と省略するのは NG。ウィキは Wikipedia を構築しているインフラを指します。

Wikipedia は誰でも執筆・編集することができ、閲覧は常に最新版が表示されます。記事のチェックも専門家ではなく、ユーザー同士で行います。編集のハードルが低いということは、色々な記事が存在することにもつながり、友達の中には、「書いてることがデタラメだから信用できない」と度外視する人もいます。信用できないと言われればそれまで。でも、古い百科事典だって、今では考えられない嘘がもっともらしく書いてあった時代もありました。それを嘘と呼びますか？Wikipedia の中に間違いを見つけたら、気が付いた人が正せ

ばよいだけのこと。Wikipedia は多くの人の善意によって良い方向へ向かうよう努力が続けられています。

Wikipedia の記事を編集するには、3 つの大事な方針があります。

①中立的な観点

偏った記述では、読者が得られる知識も偏ります。対立する意見がある場合は、「〜によれば」のように反対意見もちゃんと書きます。偏らない多角的で客観的な視点が求められます。例えば、「享年 XX 歳」の記述も良しとしません。享年は仏教的色彩の強い用語で、数え年で書かれるため、実際の年とは異なります。書くなら「XX 歳死去」と記述するのです。

②検証可能性

Wikipedia で大事なことは、後で誰でも検証できるように、この記述をするにあたり、どの情報源を使ったか必ず出典を書きます。雑誌／本などによって引用の書き方に違いはあるようですが、細かなことはあまり気にしなくてよいと言われ、ここでずっと気持ちが楽になりました。外部からの査読を経ていないパンフレットからの引用も可能ですが、後日検証できるように図書館などで補完できることが条件だそうです。パンフレットの発行年記載の重要性も感じました。

③独自研究は載せない

百科事典だから、研究者が研究成果を発表したり、自分で自分自身について投稿する場ではありません。Wikipedia は勝手に編集記事を削除できません。記事の削除は、管理者

のみ可能です。Wikipedia を信頼できるものとするために、Wikipedia 管理者の存在は欠かせません。

1）Wikipedia の編集ポイント

　調べた結果を記事にする場合は、できるだけ複数の資料で確認をとります。そして、そのまま引き写すのではなく、自分の文章として咀嚼して書きます。写真があると一目瞭然でわかりやすいのですが、自分で撮った写真を載せるのが無難です。グループで編集する場合は、友達が撮った写真は、友達にアップしてもらいます。もちろん撮影許可は事前にとってトラブルにならないよう気を付けます。記事は、「……である、……だ」で統一し、漢字仮名交じり文を使用します。カタカナは全角で、アルファベットや数字は半角で書きます。そのほかにも様々な決め事があります。

・'' ''で囲まれた文字は太字になる

・[[ ]] で囲まれた場所は、Wikipedia 内のリンク表示、リンク先がない場合は赤表示になる

・== == で囲まれた文字は、大きな見出し表示になる等々

　でも、こんなことは覚えていなくても大丈夫。Wikipedia 上の類似した記事を参考にして、そのテンプレートを利用すると、なんとなく編集できます。編集をするのにアカウントは必須ではありませんが、強く推奨されています。他の SNS で使っている名前や、現実の名前などにしない方が良

いとアドバイスがありました。

2) Wikipedia 編集

　通常、Wikipedia はひとりで編集をします。でも、教えて
くださる方がいれば、心強いものです。私が Wikipedia の
編集を学んだイベントでは、最初に、上記に書いたような
Wikipedia の概要や編集するにあたっての注意事項を聞きま
した。それから、3 ～ 4 人のグループに分かれて、編集する
記事を決め、グループごとに編集にあたっての戦略を立て、
実際の編集に取り掛かりました。

　まずは、編集しようとする内容に類似した記事を参考にし
て、そのテンプレートを利用して作成しました。いきなり編
集することも可能ですが、複数の人数で同じ記事を直接編集
すると、誰かに上書きされるリスクがあります。そんな時は、
Note などを使ってテキストに下準備をすることをお勧めし
ます。特に、グループで記事を作成する場合は、スケッチブッ
クにセクションごとの作業分担を書き、手分けして記事を作
成すると、みんなの進捗も確認できます。ホワイトボードが
無くても、A3 用紙でも代用できそうです。初心者と経験者
でチームを組んで編集すると、初心者のハードルがぐっと低
くなります。

　下準備ができた記事でも直接更新するのではなく、プレ
ビューで出来上がりイメージを確認できます。初めての時は
ちょっと感動しました。更新した記事は全て履歴が残り、履

歴も見ることができますし、過去の履歴を比較することも可能で、悪戯書き防止にも役立っています。更新するときは、履歴に何を変更したか書いておくと、どこを変更したのかわかりやすいとのことでした。

　自分が書こうと思っている人と同姓同名の方の記事がすでにあったなど、内容が異なる主題なのに記事名が同じになってしまうときに、それらを判別しやすくすることを「曖昧さ回避」と呼びます。例えば、Wikipedia で、「鈴木一郎」と検索してみてください。たくさんの鈴木一郎が表示されるページは人名（人物）の曖昧さ回避のためのページです。探している人物の記事を選ぶと、目的となる記事へ転送できるのです。

　そして、逆からでも引けるよう逆 index のようなものも作ります。まさに「百科事典」だと感じました。

　所在地に座標を書いておくと、Google マップなどにリンクする機能もあります。但し、座標は 10 進法ではなく 60 進法ですが、座標の変換ツールもあります。まさに、至れり尽くせりの編集ツールが揃っています。

3）ウィキペディアタウン

　ウィキペディアタウンは、まず、Wikipedia に関する理念や編集についてのガイダンスを受けた後、みんなで街歩きをしながら情報探しをします。そしてそこで集まった情報をもとに、裏付けとなる資料を探し、実際に Wikipedia に執筆・

編集を経験し、みんなで編集成果を発表しあうワークショップです。

　日本でのウィキペディアタウンの普及は、2013年に横浜でオープンデータに関わる人々から始まりました。図書館が関わるようになったのは、2014～2015年からで、ウィキペディアタウンは現在100回以上も開催されているとのこと。

　Wikipediaに掲載することで地域の情報が世界中に公開され、地域の価値を再確認したり、多くの人が活用することで新しい付加価値が期待されます。ウィキペディアタウンでは新規の主題だけを扱うのではなく、未完成な記事に出典を補ったり、記事の内容を充実させたりもします。ここでも色々な発見がありました。

・たぬき/タヌキ/狸など同義語のように色々な呼び方に対応するリダイレクト機能があること。随分昔、仕事で同義語辞書に悩まされた苦い思い出がよみがえってきました。
・同じ出典を同じ記事の複数で参照する場合は、'ref name'という機能があること等々

　編集のあとは、みんなで成果を発表し合いました。発表の途中で、「この記事は、自動的に削除する可能性があります」のような文言が表示されて、一瞬ざわつく場面もありました。前にも書きましたが、記事の削除は管理者しかできません。

冷やかしの文章などは、善意の利用者がパトロールし、議論を提起し、その結果、削除が妥当であれば管理者によって削除されます。小さなミスなどもWikipediaに携わる人たちがチェックをして修正をしてくれるから、びくびくしなくても大丈夫です。

そして、講師の方から、「ここをこうすればもっと伝わりやすくなるし、追記しやすくなる」などアドバイスがありました。励みにもなるし、多少書き方が間違っていても、気にせず経験を積む後押しをしていただきました。

Wikipedia編集は奥が深く、ネットリテラシー教育にも役立ちそうです。映画「舟を編む」を思い起こさせるような貴重な体験でした。

ウィキペディア編集風景

4）Wikipediaと図書館の相性

Wikipediaは誰でも執筆・編集できるけれど、こうやって最初に説明を受けて、意図を理解することはとても大事なことです。裏付けの資料を探しながら編集作業ができるのが一番で、図書館はうってつけの場所なのです。さらに、調べ物をするという習慣が身につき、図書館本来の使われ方の浸透も期待できそうです。図書館側からすると、司書のレファレンス能力の向上にも役立ちます。できればWikipedia編集経験のある方に、グループで指導を受けて書くほうが安心できます。「図書館でWikipedia講習会」を開催できたら、地域の歴史に関する情報を残す手段として、地域の発掘にもつながるし、お年寄りと若い方々との交流など、図書館の新しい可能性を幾つか感じました。

ちなみに、ウィキペディアタウンを開催する場合の留意点を、友達がまとめていたのを紹介します。

・開催について、対象者、開催時期、周知方法の整理と努力
・会場の設定、街歩きの誘導、時間管理 → 複数で対応
・PC操作、編集の知識、構成と作文についてのアドバイス
・評価も含め、実施結果の参加者へのフィードバック
・継続的な開催に繋げるためには…
・開催のためのチェックシート…
・多角的な資料の用意（これは大事！）

Wikipediaに記載するには色々な制約があります。北海道森町のように、街の魅力を発信するためにウィキを使って独自運営しているのは、区別してローカルウィキといいます。進んでいる自治体もあるんですね。

皆さんのまちで、色々な部署と連携して、ウィキペディアタウンを実施してみてはどうでしょう。Wikipediaは図書館ととても相性がいいと思うのです。

3.2 新宿区立図書館から、連携のためのウィキペディア発進

2008年に図書館法が改正されたのを受け、2012年に「図書館の設置及び運営上の望ましい基準」が全面的に改正されました。日本図書館協会では、2014年に「図書館の設置及び運営上の望ましい基準活用の手引き」を作成したのですが、その手引きの一部「公立図書館の図書館サービス」部分を、縁あって新宿区立図書館の萬谷ひとみ氏が担当することになりました。しかし、当時は「(五) 多様な学習機会の提供」の望ましい基準といえる事例が見つからず、悔しい思いのまま発行されました。

その後、新宿区では2008年に策定した新宿区立図書館基本方針を、2016年3月に全面改正しました。その策定に携わり、全30項目のひとつに「多様な学習機会」を取り入れたのは、数年前の悔しい思いへのリベンジだったと言います。

萬谷氏がウィキペディアタウンを知ったのは、そのころでした。自身でも参加してみて、これは使えそうと感じていた

矢先、他部署からひきこもりなどの若者を支援する一環として、図書館に協力が求められたのです。また、自殺対策を行っているNPOからも、図書館と連携して一緒に事業をやりたいと相談がきました。ウィキペディアタウンの開催について、館内での合意を考えていたときに、タイミングよく相談されたのは運もありました。

既にウィキペディアタウンを開催した方々からアドバイスをいただき、早速企画書を作成し、他の係長や館長に相談したところ、トントンと話が進みました。教育長からも「面白い事業だから、キチンと教育委員会にも諮り、プレス発表もしなさい」と、心強い言葉をいただきました。その背景には、図書館に赴任後、通信教育で司書資格を取得した藤牧功太郎館長（当時）の後押しがあったのは言うまでもありません。

こうして、その事業は「Wikipediaでウキウキ〜地域の課題解決のヒント講座〜」と銘打った、若者のひきこもり／自殺予防／まちの歴史研究会の各団体に声をかけ、新宿区の図書館員合わせて15名が参加する、内輪の勉強会の実現につながりました。

萬谷氏の試みを偶然知った私の触角が動きました。この講座は、各団体に今後主体的にWikipedia編集会を開催していただきたい主旨があっての勉強会です。各団体に主催してもらうためには、Wikipediaの楽しみ方や効力を、主催者自身が体験して理解してもらうこと。同時に、図書館は各団体

の後方支援ができることをアピールするのが目的であることに興味を覚えたのです。そこで、藤牧館長につないでいただき、取材目的で特別に参加させていただきました。

　講師は、Wikipedia 編集者の海獺氏。今回は、関係団体が今後主催した時に、参加者が感じる体験をするのが目的です。そのため、一から記事を作成するのではなく、新宿の地域に関する既存の記事に出典をつけるという、まずは楽しんでもらい、達成感を味わってもらうことを最優先しました。

　プログラムは午後から始まり、館長の挨拶の後、1時間ほど海獺氏より Wikipedia とは何か、Wikipedia の記事を編集する方針、本日やることなどの説明がありました。

　休憩を挟んで、1時間半ほど、予め図書館職員と海獺氏が用意した52項目に出典をつける作業に取り掛かりました。52項目って、中途半端な数字だと思いませんか？　項目の一部をお見せすれば、納得していただけるかと思います。

　参加した団体が、今後自主的にイベントを開催する場合を念頭におき、各班の班長がトランプを引いて記事を選ぶという、なんとも楽しい雰囲気から始まりました。52はトランプの数だったのです。対象が変われば、Wikipedia 編集の見せ方や方法や演出も変えてくる、講師の粋な計らいでした。

　最後に、Wikipedia を用いたイベントの可能性や、記事編集や投稿に伴う自己肯定感について、海獺氏から補足説明がありました。短い時間でしたが、10個出典が付き、質疑応

第4章　SEからみた可能性　165

当日課題一覧表の一部

♠	記事	節	課題（項目）
♠1	夏目坂通り	名称の由来	新宿区は漱石の偉業を偲び、この坂の3箇所に名称由来の標識と、坂下の記念碑を敷設した
♠2	夏目坂通り	坂付近の状勢	この付近では明治年間創業の看板を掲げる料亭も多い
♠3	神楽坂	名称の由来	「江戸名所図会 巻之四」（天保7年）によれば、この坂の右側に高田穴八幡の旅所があり
♠4	神楽坂	周辺	山の手銀座と言われた
♠5	神楽坂	周辺	かつては江戸時代に蜀山人、明治期に尾崎紅葉・泉鏡花などが住み……

答も活発な意見が飛び交い、午後5時に終了。実に濃い時間を過ごしました。

　これまでの編集体験からすると、出典を付けるだけの簡単な作業のように見えますが、新宿の文化財や地域資料を知ることができたうえ、達成感は自信につながることを体験できました。それにしても、52項目の出典資料をわずか1日で揃えたというから、やはり司書は凄いです。

　萬谷氏は、今後も「多様な学習機会の提供」を主としてWikipediaのイベントを企画し、実はその先に、夢のような企画を温めていました。それは、2020年に向けてひとつで

も（夢は、ひとつでも多く！　ですが）、新宿の文化財に、Wikipedia の QR コードを付けたいとのこと。しかも、日本語、英語、韓国語、中国語に翻訳して。そのためには、文化財の部署、多文化の部署などとの連携が必要です。どんなふうに実現するのか、見守っていこうと思います。

後日、参加した各団体に、いきさつや感想を伺いました。

１）NPO オーヴァー（以下、「OVA」）土田毅氏

　インターネットを活用した自殺対策・相談支援を行っている団体です。Web 上で「死にたい」などと検索すると、google の検索連動広告を用いて、相談を受け付ける文言が出てきます。クリックすると、相談サイトにつながり、臨床心理士や精神保健福祉士などの国家資格を持ったチームで相談を受け付け、行政や医療などの必要な連携機関につなぎます。2003 年、「いのちの電話」などの Web 版ともいえるこの手法「インターネット・ゲートキーパー（通称：夜回り 2.0）」を開発したのは、OVA の代表理事の伊藤次郎氏。まだ 32 歳の若者です。'OVA' とは、ラテン語で「卵」という意味で、村上春樹のスピーチの一節からとったとか。

　OVA では、2017 年 5 月より、若者の自殺率が高い新宿区を中心に相談を受け付け始めました。代表の伊藤氏が新宿区の自殺対策委員会に参加しており、そこで、新宿区の藤牧館長と知り合いました。海外での図書館を活用した自殺対策の

事例や、神代浩著『困ったときには図書館へ』を読み、「何か一緒にできないか」と考えて図書館へ話を持ち込んだのがきっかけとのことでした。

実際に Wikipedia 編集に参加しインタビューに応じてくださったのは、土田氏。多世代の市民活動として、また「情報」に関する学習の場として非常に魅力的に感じたそうです。図書館で資料を探す作業と、Web 上で編集する作業があるので、世代による得意不得意を活かしあえるとも。また、中立で検証可能な情報を探し、Web 上で編集する、それをまた誰かが調べて追記していくという循環は、私たちが普段見る情報が、どう作られていくのか学ぶ非常にいい機会になると語ってくれました。

図書館との連携は Wikipedia に限らず進展していました。まず、本のフェア企画「私が生きづらかった時に読んだ本50 選（仮題）」の検討が始まっていました。図書館のトイレに DV（ドメスティック・バイオレンス）の案内があったのをヒントに、情報を積極的に届けるためのパスファインダーも充実していきたいと、次のアイデアも出ています。図書館の公共性の高さを利用しながら、地域資源の情報提供はOVA、本に関する情報は図書館からと、それぞれのリソースの違いを活かした役割分担で、必要な人に必要な情報を届けたいと話してくれました。

2) 公益財団法人 新宿区勤労者・仕事支援センター就労支援課　総合相談・若年者就労支援（以下、「支援室」）：上岡亜矢子氏、加治屋圭史課長（ヒアリングのみ）

支援室を訪れる人は、引きこもって夜中にゲームをしていたり、すぐキレたりする人と思っている方が多いのではないでしょうか。実際、加治屋氏も赴任前は、メディア情報のバイアスがかかっていたそうです。着任して、その思いは一掃されました。どこにでもいる、素直な人もいれば、人懐っこい人もいる、それぞれ個性を持った‘人’として捉えることから始まったといいます。

支援室は、「アルバイトが長続きしない。仕事をしたいけど、どうしたらよいかわからない」「勉強も仕事もしていない状況が続いている。どうしたらいい？」「正社員を目指すかどうか決まってないけど、自分のペースで働きたい」「働き始めることに悩んでいるが、どこに相談すればよいかわからない」そんな悩みをもった人たちを支援する場所です。

元々は引きこもりの支援がメインでしたが、より積極的に関わるために、就労支援にシフトしました。とはいっても、センターへ本人が直接来るケースは少なく、関係機関（行政でつながっている保健所、福祉センターなど）や親を通じて利用するケースが多いそうです。延べ相談件数は月30～40人ほど。年齢も状況も人さまざまです。でも如何せん、多くの方に知られていないのも事実。

そこで、図書館をイベントの場として使えれば、周知も

できるのではと思ったのが、図書館へ声をかけたきっかけ
でした。図書館は誰もが使え、特別な場所ではないのも魅
力でした。

Wikipedia編集会に参加してみて、想像していたより簡単
に取り組めたといいます。何よりネットリテラシーが押しつ
けでなく学べることが大きな発見でした。就労で立ちすくむ
若い方々には、「仕事をする＝人と仲良くすること」と思い
込んでいる人が多いとか。失敗して経験を積んでいく過程の
中で成長するプロセスが中々味わえない、そんな経験不足が
思い込みを作ってしまっています。ゲームのバーチャルの世
界で過ごしている世代の人に、リアルな人間関係の構築の
ツールとしてWikipediaが使えると感じたそうです。

2019年には支援室内にフリースペースを設け、そこでパ
ソコンが使える環境も整備し、インターネットを通じた情報
発信もしていきたいとのこと。顔が見えるからこそできる連
携やイベントなども試みたい。Wikipediaは、そのツールと
して十分手ごたえを感じたと語ってくれました。

今の世の中は、一度ドロップアウトした人が、再度チャレ
ンジすることがなかなか困難な社会に思えます。人生はいつ
でも、何度でもやり直せる、そんな再チャレンジの場所とし
て、機能を発揮して欲しいと感じました。図書館との今後の
連携を期待します。

3）新宿つつじの会（新宿研究会）：野嵜正興氏、谷口典子氏

　新宿つつじの会は、江戸以降の新宿の歴史をテーマごとに色んな角度からより深く調査研究し、これまで書かれた歴史書の間違いやあいまいな点を明らかにして公表、論文化していくことを目的に活動している会です。成果の一例ですが、新宿の消失河川「蟹川」に関する一考察を、論文として公表しました。

　フォトグラファーである野嵜氏は、資料を提供する側の人。谷口氏も、神楽坂アーカイブズや、埋もれている郷土の人々や事柄を掘り起こし紹介することに力を入れています。松井須磨子については特に研究されています。松井須磨子に対する評価ひとつをとってみても、100年前の男尊女卑の時代と今の評価は全く違います。「100年前の評価は評価として近年見直されている」とWikipediaに書き込むには、まずは、研究成果を公にしていかなくてはいけないと、気持ちを強くしたそうです。資料を多く集め既成の概念にとらわれることなく調べる中、客観性とはなんだろうか、と考えてしまうこともあるとか。

　今回の勉強会でモノの考え方が真摯に問われたと感じたそうです。Wikipediaの理念を知る機会を得たとともに、社会参加のひとつの理想形を示されて、非常に啓発される勉強会だったと感想をいただきました。研究会として、Wikipediaの引用文献として参照してもらえるよう、引き続きテーマごとにまとまり次第公表していくとのことでした。

Wikipedia を利用する側と利用される側、立場は違え、図書館が後方で支援できることがわかり、大きな収穫であったと感じました。

　また、これを機会に参加した団体の連携も検討されています。OVA では、年間 200 人ほどを対象に対人援助者向けの自殺危機介入研修を開催しています。保健師、看護師、社会福祉士、行政の医療関係機関などが対象です。対象に、今回参加した就労支援課などにもアンテナを広げることも検討したいとのことでした。多くの機関が連携して最上の効果を発揮できるよう願っています。

〈マーフィーの法則(招かれざる客)〉

　2月から3月にかけてSEは、今日は東、明日は西と、おまけにカスタマイズ仕様書の作成なども重なり、ほとんどお手上げ状態の毎日が続いていました。マーフィーの法則ではありませんが、こんな時に限ってハードトラブルも発生してくれるのです。

　大阪のとある図書館システムのセットアップで、若手の一郎君が先陣の後を追って、大阪入りするために新幹線で移動していた朝のことです。静岡県下のユーザーからディスク障害の連絡が会社に入りました。電話でやり取りし現地へ行くことになったものの、「さて、困った。どうしよう!」。会社に人はいたものの、「一郎君はまだ名古屋あたりだろう」と彼に白羽の矢が立ったのです。急きょ名古屋で下車させられ、そのまま、そのユーザーへ直行したものの、交換用ハードウェアの手配がつかず、結局その日は作業ができません。一郎君は空振りで、大阪の図書館へ向かいました。

　翌日、図書館デビューを控えていた女性のマドンナが対応することになり、現地へ向かいました。ところが、ハードウェア保守会社の持ってきたディスクは初期不良で使えません。なのに、やっこさん、「翌日に新しいのを持ってきます」と平気で

◯ ハンモックタイム

のたまったのです。激怒の私は営業からもクレームを入れて
もらい、その日の夕方に何とか手配をお願いしました。朝か
ら現地入りしていたマドンナは夕方までひたすら待ちました。
すんなりいくはずの復旧作業でしたが、モデムが悪さしたり、
ORACLE（ソフト）がへそを曲げたりして思うようにはかどり
ません。その夜は結局復旧できず10時半過ぎにマドンナから
今から図書館を出ると連絡が入りました。今から出ると言っ
たって、新幹線も間に合いません。「静岡までは何とかたどり
着くでしょう」とマドンナは楽観してますが、こちらは気が
気ではありません。「そうだ！最近我が家にはインターネット
という強い武器があったんだ」。焼津までマドンナが移動する
間に探しておくからとパソコンに向かって探し始めたのです
が、静岡の宿はどこも満員。若い女性（？）を駅のベンチに
寝せるわけにもいかず、何とか宿を探し、マドンナが宿にた
どり着いたのは、夜の12時を回っていました。

　その後も復旧は難産に難産を重ね、大阪にいるサブちゃん
まで巻き込んで、結局客先には3日間に及ぶ迷惑をかけるこ
とになってしまいました。図書館の方々をはじめ、本来は夜
の作業のできない場所でお付き合いいただいた教育委員会の
皆様、本当にご迷惑をお掛けしました。

4 回想法

4.1 回想法とは？

　昔から「老いの繰り言」と言われるように、お年寄りから何度も昔話をされて閉口したことはありませんか？　実は、この繰り言には、ちゃんと意味があるというのです。少し横道にそれますが、発達心理学者のエリクソンは、対人関係や社会との関係には、人が成長する年齢に応じて８つの発達課題があると唱えました。各々の年齢の中で、人は、プラスの側面とマイナスの側面を経験しながら成長を続けます。

　年齢については今の時代に少しそぐわないかもしれませんが、成熟期は、仕事も子育ても終え、目の前が一旦リセットされる時期です。記憶力や体力も衰え、老いを受容できずに攻撃的になったり、自分に対して悲観的になったりする時期でもあります。

　1963 年、アメリカの精神科医ロバート・バトラーは、高齢者の回想を、現実からの逃避などという否定的なものではなく、死が近づいてくることにより自然に起きる心理的過程であり、過去の未解決の課題に再び目を向けさせる積極的な働きがあることに気づき、回想法を提案しました。

　回想法は、人生を振り返り思い出を語り、自分の過去－現

エリクソンの発達課題

年齢	心理的課題	概要
乳児期 (0–2 歳)	基本的信頼 vs. 不信	特に母親との関係で、基本的信頼関係を確立
幼児前期 (2–4 歳)	自律性 vs. 恥、疑惑	トイレトレーニングなど通して、選択や意思の制御を学習
幼児後期 (4–5 歳)	積極性 vs. 罪悪感	自分の活動に、方向性や目的があることを学習
児童期 (5–12 歳)	勤勉性 vs. 劣等感	勤勉性の意識と好奇心を発達させる
青年期 (13–19 歳)	同一性 vs. 同一性の拡散	自分の中に一定の思想を持つ姿を求める
初期成年期 (20–39 歳)	親密性 vs. 孤独	自分を自分以外の人と関わらせるようになる
成年期 (40–64 歳)	生殖 vs. 自己没頭	子どもを持ち世話をする、仕事をする
成熟期 (65 歳 –)	自己統合 vs. 絶望	自分の人生は有意義であったか?

在を見つめることで、脳の活性化にもなり、これからの残りの人生（未来）を前向きにとらえることができる、穏やかな心理療法のひとつといってもよいでしょう。回想法には個人を対象とした個人回想法と、グループ回想法があります。個人回想法は、対象は必ずしも高齢者とは限らず、個別なケアが必要な臨床心理的な面が強く、リーダー（聴く側）の傾聴力や技術力が問われます。これからの話は、高齢者を対象にしたグループ回想法について、具体的にお伝えします。

グループといっても、多くの人数を対象にするには向きません。普段でもじっくり人と話そうと思ったら、6人前後が限度ではないでしょうか。グループ回想法は、6人〜8人の参加者が、定期的に集まって、過去を思い出す行為や仲間との新たな人間関係を作る過程の中で、乗り越えてきた人生に対する本人の肯定感を高めていくのです。その進行をサポートし、参加者同士の相互交流を促す役目は、'リーダー'と呼ばれます。難聴であったり声が小さかったり援助を必要とする参加者がいる場合は、'コ・リーダー'が隣についてサポートします。

回想法は、リーダー、コ・リーダー、参加者が円形に座り、懐かしい話や思い出を話してもらうのですが、大きく2つの特徴があります。ひとつは、毎回「テーマ」があることです。みんなが思いのままに話す井戸端会議とは違うのです。テーマは毎回参加者に合わせて決めていきます。生まれてからの時間の流れに沿ったテーマもあれば、年中行事や季節や日常生活などの非時系列のテーマもあります。話すテーマは、最初は無難なものから始まり、必ず未来についてのテーマで終わります。頻度や時間は参加者の構成によっても変わりますが、週1回1時間を通常8回で終了します。リーダーやコ・リーダーのスタッフは、傾聴するのが基本です。

そして、回想法のもうひとつの特徴は、話のきっかけに毎回ツール（道具）を使うことです。ツールには、写真や地図などの出版物、おもちゃや行事に使われた道具、テレビやビ

回想法テーマと道具の一例

	テーマ	道具
第1回	ふるさと	日本地図
第2回	子どものころのあそび	お手玉、めんこ
第3回	遠足のおもいで	水筒
第4回	お風呂	石鹸、手ぬぐい
第5回	夏の食べ物	スイカの写真
第6回	若いころの楽しみ	プロマイド写真
第7回	仕事	そろばん
第8回	これからしたいこと	参加簿

デオの映像、食べ物など、五感を刺激するものが使用されます。

　上表は、回想法の各回のテーマと道具の一例です。

　例えば、「ふるさと」のテーマでは、一人ひとりの話を聴きながら、ふるさとの確認に日本地図を使います。各回のツールは一度にいくつも必要ありません。参加者は、ツールに直接触ったり匂いをかいだり五感を刺激することで、イメージを膨らませます。私たちが何かを思い出すとき、例えば、絵葉書やお土産があれば、その時のことを思い出すきっかけになるのと同じです。

1) グループ回想法の進め方と注意事項

①準備

　まず、回想法の目的を明確にしておきます。仲間づくりやレクリエーション、療法など、回想法は参加者の構成によっても目的が変わります。そして、参加者の状況を事前に調査し、配慮が必要な方などを把握しておきます。参加が決まった方々には、招待状と参加簿を送ります。実は私、最初は子どもだましのようで、招待状には抵抗があったのです。そういえば、歳をとると、結婚式やパーティに招待される機会もすっかりなくなりました。だから、自分の名前が書かれた招待状には、とても意味があるのだそうです。

　参加簿は、これからの各回のテーマの確認と参加記録になります。認知症の方などは以前参加したことさえ忘れていたりして、この参加簿が記憶をたどるのに役立ちます。

　　＜招待状例＞　　　　　　　＜参加簿例＞

②オリエンテーション（回想法の説明と同意）・自己紹介

　最初の回は、回想法の趣旨を説明し、自己紹介の後に以下のお願い事項を伝えます。

　　・この場所を出たら、話されたことは口外しないこと（守秘義務）

　　・他の人の話を否定しない

　　・話したくないことは無理に話さなくてもよいし、嫌になったら席を立っても構わない（拘束しない）

③各回の進行

　リーダーは、毎回挨拶の後、その回のテーマを紹介し、ツールを見せて、参加者に質問して回想を促します。参加者同士の横やりはもちろんOK。話が横道にそれたときは、必要に応じて軌道修正しながら、参加者同士の相互交流を促します。リーダーは、全員が発言できるように配慮します。そして各回終わるときは、話し合った後の「今」の感想を聞き、次回の案内をします。

④最終回

　これまでの感想などを振り返ります。グループ回想法には、グループの相互交流を生み出す力があります。参加者がこれからの人生をいきいきと暮らすために、新しいグループを作って自ら活動するケースも出てきます。これからの未来に向かってポジティブに生きる、回想法の究極の姿でもあります。

⑤注意事項

リーダーは傾聴が基本です。話をするときは相手の呼吸に合わせます。なかなか難しい技術ですが、普段のコミュニケーションにも使える技法だと思いました。

席順も重要で、リーダーの隣には、おしゃべり好きな人と穏やかな人を配置します。最初にお話してくれる方は、一番抵抗の少ないおしゃべり好きな人。最後まで待てる方は穏やかな人というわけです。

援助が必要な方の横にはコ・リーダーがサポートしますが、体験談では、難聴の方とおしゃべり好きな人を隣り合わせにして大失敗した話などもありました。

認知症の方と一般の方を一緒には無理かと思っていたのですが、話し方やリズムを認知症の方に合せていると、社会的な判断ができるのか、グループが形成されていくとのことでした。

話をする力を引き出したり、人に合わせて Close/Open な質問にするなど、リーダーには聴く技術はもちろんですが、参加者を尊重する謙虚な気持ちが大切なのだと感じました。

終わる際は、必ず現実に戻すことが大事です。特に認知症の方などは、現実にうまく戻れないと、興奮状態になったり、帰宅願望がでたりマイナス効果もあります。現実に戻すためのクールダウン法は、

「今日は xx 年 xx 月 xx 日です」と言って、一緒に手を叩いて終わったり、歌を歌って終わります。

2）いま、何故回想法？

日本の総人口は2014年10月1日現在、1億2,708万人、65歳以上の高齢者は過去最高の3,300万人、今や4人に1人は高齢者の時代です。高齢化率はますます上昇し、2060年には4人に1人が75歳以上という高齢社会へ突入します。

そこで回想法の出番です。回想法は、健常者だけでなく認知症高齢者にも効果があり、発語が増えたり、表情が豊かになったり、情緒が安定するなどの症状の改善がみられます。これまで回想法は、デイサービス利用者や認知症高齢者などを対象に、看護職・福祉職・介護職・理学療法士などが活躍する、福祉や医療の分野で行われてきました。それが、すそ野を広げています。

例えば北名古屋市は、昭和時代の日常生活用具を保存している歴史民俗資料館とコラボして回想法スクールを立ち上げ、昔を思い出して楽しく語り合うことで、介護予防や認知症予防に役立っています。

さらに、思い出を共有し一緒に語らううちに受講者の間に絆が生まれ、受講後にグループを作り、お花見に出かけたり、保育園や小学校に出向いて伝承教室や世代交流も生まれています。回想法によって生み出された活力は、高齢者の居場所づくりや役割づくりの原動力となっているのです。

現役世代1.3人で1人の高齢者を支える社会が到来します。これからは、健康な高齢者が高齢者をサポートし、老人

力を生かした活動をすることで、若い方々の負担を少なくする努力が求められています。

　図書館には回想法で使えるツールがたくさんあり、資料提供のコラボなら直ぐにもできそうですよね。そして、回想法でお年寄りが話す内容は、まさに地域のアーカイブ。すでに幾つかの図書館で、回想法への取組みが始まっています。

4.2 田原市図書館（愛知県）の「元気はいたつ便」

「元気はいたつ便」は、図書館への来館が困難な高齢者や障がい者に対し、高齢者福祉施設へ出向く訪問サービスです。

担当の天野良枝氏（当時）にお話を伺ってきました。

天野氏は、元々は学芸員でした。博物館勤務をされていた頃、学校の学習担当だった時に、もっと教育施設とうまく連携できないかとジレンマを持った時期があったそうです。市町村合併で田原市の保険年金課に異動し、当初はこの異動に落ち込みました。一方で、保険年金課でお年寄りに接するうちに、お年寄りがイキイキ話す場面にも遭遇しました。国保の医療費の負担を抑えるために介護と連携できないか、子どもや高齢者も含めた「ともに地域で学ぶ」共同学習を考えたとき、図書館へ行きつきました。そこで、司書の資格を取得し、図書館への異動希望を提出します。でも、そのころは、まだ漠然とした思いだけでした。

2007年に図書館へ晴れて異動となり、1年間は馴染むのに必死だったそうです。図書館での仕事に専念していたものの、写真を使った回想法のようなイメージは、いつも心の隅にありました。そんな時、2010年補正予算いわゆる「光交付金」を使った事業に、館長がアイデアを募集し、館内コンペを行いました。来館が困難な福祉施設への出張サービスと、古い写真や民具を利用した回想法の2つのアイデアが出され、前案の「元気配達！ 図書館おもいでパック」という団

体貸出サービスと訪問サービスが始まりました。その後、名称を「元気はいたつ便」に改称し、団体貸出サービスを拡張して、ボランティア講座の開始を経て、回想法も含めたサービスが始まりました。

「元気はいたつ便」には、大きく3つのサービスがあります（2017年4月1日現在）。

①団体貸出サービス
　月1回2便に分かれて、市内16の高齢者福祉施設へ本を届けています。施設のレクリエーションの参考になる研修用やイベント用のほかに、施設に置く共有文庫用やお任せパックもあります。入所者個人のリクエストも配達します。通常の団体貸出とは、貸出点数の違いのほかに、事前申し込みが必要になります。

②訪問サービス：グループ回想法
　訪問サービスは、3か月に一度、年間14の施設を訪問します。そのうち、参加者が8人程度なら、グループ回想法も行っています。

　回想法は傾聴トレーニングをはじめ、それなりの技術が必要です。職員の研修はもとより、ボランティアの存在も大きいのです。市民に向けての回想法講座は光交付金がきっかけ

で始まり、その後も年1回公開講座を開設しています。講座は外部から講師を招き、まずは回想法について学びます。受講後、ボランティア希望の方には、図書館が説明会を開催して「元気はいたつ便」の趣旨と仕事の内容を説明します。そこで理解していただいた方を対象に、施設を見学し、ボランティアとして登録し参加に至ります。時間はそれぞれ1時間ほど。回想法に必要な傾聴ボランティアを個人で受講されている方もいるそうです。

　通常のグループ回想法は8回同じメンバーで行いますが、図書館の自称「施設回想法」は、1回ごとに参加者が変わる変則的な運用で、テーマはその都度変わります。ツールもできるだけ図書館にちなんだものを使用します。訪問サービスの2割がグループ回想法で、職員2名、MAX2名のボランティアで施設に伺います。

③訪問サービス：元気プログラム

　参加人数が多くなると、レクリエーションに回想法を取り入れたサービス「元気プログラム」を行っています。20分ほどのレクリエーションでは、読み聞かせや手遊び、合唱など。残りの30分は、人勢の参加者と一緒にミニ回想法を行い、昔の思い出などを語ってもらいます。プログラムは、施設や皆さんの状況に応じて、臨機応変にアレンジします。

　私が見学したのは、こちらの元気プログラムでした。その時のテーマは旅。色々な旅の話から、田原地方の方言を幾つ

か紙で紹介し、皆さんから意味やどんな時に使うか聴いていきます。方言辞典を取り出して、同じ言葉でも地方によっては違う意味になるなども披露していました。中には、ブツブツと同じ話をする人もいれば、「大人しくしていないと嫌われるから」なんて、そっとつぶやく人もいました。それでも、色々思い出してくると、空気が少しずつ変わってきます。

その後、どんな場所に旅したかを聞いていくうちに熱海にたどり着き、「金色夜叉」の紙芝居が始まりました。その後も富山の薬売りの話から、おまけの紙風船で遊び、最後は、漫才コンビ夢路いとし・喜味こいしの本のネタから、かしまし娘の漫才と歌を歌っておしまい。いやはや芸人顔負けの芸でした。何気に図書館の資料もしっかり取り入れていて感服しました。

この日は体験学習で２名の中学生も一緒に見学・参加しました。お年寄りと同居の中学生はすんなりと溶け込んでいきますが、普段お年寄りと接する機会のない中学生は、最初は戸惑い気味でした。でも、そのうち慣れてきて、自分から話しかける光景も見られました。核家族が進んだ現代では、世代を超えた交流にも一役買うことができます。

医療と介護のはざまで、「図書館で何故回想法をしなきゃいけないの？」そんな疑問もよく耳にします。

図書館の児童サービスのひとつにわらべ歌があります。子どもにわらべ歌を歌って聞かせることで、子どもの心を育み

情緒を豊かにするのが目的です。それに対し、高齢者には回想法を使って、感情や気持ちをほぐすサービスを図書館で行うのは決して不思議なことではないと、現場を見学させていただいて納得しました。回想法を使った高齢者サービスは、児童サービスの双極にあるサービスといってもいいかもしれません。

しかし、田原市も、最初からスムーズにいったわけではありません。担当に児童サービス経験者がいなかったこともあって、スタッフのローテーションや時間のロスなど、多くの問題もありました。その都度必要に応じて路線を変更し、レクリエーションにも、できるだけ図書館の資料と結び付けられるよう方向転換をしました。

今までで、特に反省した点と感動したことをお聴きしました。今も戒めにしているのは、金柑を持って行って食べられてしまったことだそうです。まさか食べるとは考えてもいませんでした。良かれと思っていても何が起きるかわからないのです。

嬉しかったのは、「月の砂漠」をみんなで歌った時。施設の職員でさえ声を聴いたことのない方が、2番でおしまいだったのに、3番まで歌ってくれたこと。職員の方も感動してくださって、思わずジンときたそうです。私も現在回想法の経験を積んでいるところですが、参加者の皆さんの固まった気持ちがほぐれる瞬間は、やはり感動的です。

今後はテレビ回想法にも取り組みたいとのことでしたが、

その前には著作権が立ちはだかります。資料をネットからダウンロードするときは、著作権フリーのものを選んでいます。映像も上映権を考慮して、「元気はいたつ便」の団体貸出資料には映像を含まない録音資料と、配慮しています。

　障がい者支援施設には今は行けていないのも課題と捉えています。障がい者支援施設にも高齢者はいるからです。仕事が増えるジレンマもある中、田原市の回想法は日々進化しています。

　最後に、天野氏に、何故回想法にこだわるのか訊きました。それは、亡くなった祖父への後悔でした。「元気なうちに、もっと色々な話を聞いておけばよかった」との念が、後押しをしています。

　インタビューは天野氏にお願いしましたが、地道なサービスを続けるにはひとりの力ではできません。田原には認知症サポートのオレンジリングをつけている方が多くいました。その他にも、ろうあ者対応のバッジや多言語対応のバッジなど、「元気はいたつ便」のサービスは、職員の皆さんがお互いを支えあってのサービスなのです。

　「悪くなってからでは間に合わない」。この言葉は、回想法トレーナー講座でも何度も耳にした言葉です。「お年寄りが元気なうちにお話を聴き、未来へつなぎ、認知症を予防する」。回想法には、そんな想いも委ねられています。

4.3　三郷市図書館の回想法試行事例

　三郷市図書館（埼玉県）の牧原祥子氏に出会ったのは、2016 年 4 月、場所は、NPO 法人情報ステーションが企画する「ふなばし未来大学」でした。回想法やまちライブラリーに興味があるとのことで、その日のうちに日程を決め、北名古屋回想法センター→みんなの森ぎふメディアコスモス→多治見市図書館を巡るツアーが実現しました。この旅では、北名古屋市回想法センター（国の登録有形文化財「旧加藤家住宅」内）も見学しました。牧原氏はその後も富山県氷見市立博物館を訪ね、回想法を深めていきます。

　そして、国立教育研究所社会教育実践教育センター（以下、国社研）と浦安市生涯学習課が主催した、浦安市での回想法基礎講座で、講師だった回想法ライフレヴュー研究会代表の中嶋惠美子氏に出会いました。特に中嶋氏からは「ケアするものはケアされる」「人を支えるには準備があってこそ」等の回想法の実施にあたっての心構えとともに、具体的な話を聴き、「介護の世界も、心理学の素地も、何もない自分にも、ポイントを押さえれば、もしかしたら回想法を実践できるかもしれない」と思ったそうです。そして、2017 年 8 月、三郷市図書館に中嶋氏を迎え、回想法の講演会を実施しました。講演後の参加者からのアンケートに元気をいただき、図書館内での試験的な実施に向け、弾みがつきました。実施に全るには、館長の理解と、職員の皆さんの協力があったのは言うまでもありません。

三郷市図書館では、2017年10月初旬から12月中旬の隔週水曜日、全部で6回、7名固定のメンバーで行う回想法スタイルを採用しました。参加メンバーは、広報で募集した65歳以上の方々です。そこでツールとして使われる道具は、全て図書館内で調達した本や写真だったことが特徴です。

　みなさんが「毎回参加するのが楽しみ」といってくださったのが励みになったといいます。そして、お互いを尊重しあえるグループダイナミクスも経験しました。「モノ」を通して思い出が語られる時、欲しかった「モノ」そのものにまつわるお話もあるけれど、その思い出の「モノ」の向こうに家族や友人（＝「者」）との思い出が詰まっていることが多いことに気付かされました。そんな回想法を、図書館という場所で、図書館の資料、さらには地域の財産を利用して、みなさんが元気に過ごしていただけるのなら、それは図書館が地域にとって役に立つことになるのではと強く感じました。

　2018年度が始まり、新たな館長が着任しました。正直なところ、館長のみならず、スタッフも異動があったため、当年度の実施は厳しいと思っていたのです。ところが、新館長の勧めもあって、前年度と同時期、同規模（人数、回数）のグループ回想法を実施することが決まりました。前年度、コ・リーダーとして回想法に参加した非常勤職員も「今年はどうなるかと思っていたけれど、ぜひ、やりましょう。やりたかったです」と言ってくれたことが、さらに前向きにしてくれました。新館長からは、できることは協力することと、市民の

中からゆくゆくはリーダーとして活動してくれる方が育つように と期待されています。

とはいえ、図書館での実施に否定的な声がないわけではありません。そんな時、読売新聞社から、新聞を使った脳トレ・レクリエーションの回想法DVD『よみうり回想法サロン』を製作したとの情報が入りました。その後、偶然、図書館に問い合わせがありました。読売新聞社のホームページで、回想法を取り上げたいので、準備をしているとのこと。埼玉県立久喜図書館を通して、三郷市の取り組みを知って連絡をくださったそうですが、今後の予定を聞かれ、「今年も続行します」と即答しました。「やるからには、準備をしないと…。」

回想法は、何度やっても新しい発見があるといいます。参加される皆さんが変わるから、参加者のカラーが新しいグループダイナミクスを作るのです。一度はくじけそうになったけれども、館長や職員の方々の後押しで、2018年の秋の回想法に向け準備を始めたいとのことでした。実施は秋。また試行錯誤が始まります。

4.4 回想法ライフレヴュー研究会との意見交換会

回想法ライフレヴュー研究会は、回想法を日本へ紹介した野村豊子先生の教えを受けた方々で立ち上げた団体です。現在は、施設や地域での回想法を実践しながら、回想法の研究・教育・普及にも力を入れていて、私も回想法トレーナー養成講座を受講しました。

実は、2018年2月に回想法ライフレヴュー研究会の皆さん（8名）と図書館関係者（7名）で意見交換する場を設けました。図書館側から、田原市図書館と三郷市図書館の事例と、地域の認知症カフェにボランティア参加した話をし、その後、活発な意見交換がありました。また機会を持ちたいと思いながらも、今に至っています。その時の感想が後日、回想法ライフレヴュー研究会から送られてきました。幾つか紹介します。

・回想法を始めるときの悩みが、約20年前に高齢者の分野で回想法を業務の中に取り入れようとした時と同じ悩みを抱えていると感じた。高齢者の分野でも、回想法を実践するための人の配置ができていないからこそ、養成講座を開催し、ボランティアさんの力を借りる方法を選択した。「できる人が、できることを」の仕組みを作る。

・子どもに本をすすめて行く際に、「読み聞かせ」が近道にあるように、「回想法」も、高齢者のためにあるのでは。

・絵本は想像を掻き立てる。先日頂いた、でんでん虫の読み聞かせの資料を、デイサービスの回想法で使ってみた。普段の道具の準備は、五感を刺激するものを準備するが、今回の場合は、五感＋想像だと思った。子どもに良いものは、高齢者にも良いと感じた。文章が磨かれている。

・本を借りる場合、図書館へ行く必要がなくなっている。出先で依頼すれば、家に近いところまで届く。でも、図書館は、道具の宝庫である。

・人寄せの方法を探っているが、仕組みが人を集める形になっていない。図書館関係者だけですすめるのではなく、同分野（社会教育）や、隣の部署にも仲間がいるのではないか。
・図書館の一角に「懐かしのコーナー」を設けて、季節を伝え、資料や関連する道具を置き、地域のボランティアさんが週に何日か「良き聴き手」として担当し、月に1回でもオープン型グループ回想法を開催すると良い。など

　「懐かしのコーナー」なんて、図書館関係者では考えつかないアイデアです。図書館の皆さんにお聞きしたら、にぎやかにしてもよいスペースがあれば採用したいとのことでした。そして、人手不足で悩む福祉の現場でやったように、養成講座を開催し、ボランティアの力を借りる「できる人が、できることを」の仕組みに目が留まりました。もうひとつのキーワードは、「他の部署との連携」でしょうか。

4.5 浦安想い出語りの会

　ボランティアグループ「浦安想い出語りの会（（U-METc: Urayasu Memories-Talking companion)以下、「U-METc」）」の仕掛人は、浦安市生涯学習課（以下、「生涯学習課」）でした。国社研による「高齢者の地域への参画を促す地域の体制づくりに関する調査研究」のひとつとして、生涯学習課は、高齢者の地域参画・つながり促進に関する取組み事例の収集・分析に手を挙げました。

そして、回想法をモデル事業とすべく、高齢者の地域モデ
ル事業検討会を設置し、2016 年 10 月から 6 回「思い出語
りボランティア講座〜楽しく学ぼう！回想法〜」を実施しま
した。三郷市の牧原氏が受講した講座です。講座の参加者は
23 名。その後、「補講があると受けに行ったら、『サークル
を作りましょう』と言われ、謀られた！」と苦笑いしながら
語ってくれたのは、U-METc 代表の小泉健一氏です。

　2017 年 4 月、受講者 5 名から発足した U-METc は、現
在 13 名の会員がいます。そのうち常時集まるのは 11 名で、
アクティブに活動できるのは半数ほど。月に一度定例会を開
き、昨年は、施設へ出前グループ回想法講座を単発で手がけ
ました。実施した施設の職員の「終わった後の参加者の表情
が違う」との感想に手ごたえを感じ、今年度は月に一度、毎
回完結の施設での回想法講座を実施する予定です。

　U-METc の立ち上げから運営のバックアップ（活動場所の
確保、関係部署との調整など）は、生涯学習課の社会教育主
事が中心におこなっています。公民館と併設している図書館
の分館と博物館は、活動場所と資料提供をしています。

　浦安市役所の会議室で、生涯学習課の木村享平氏、
U-METc の小泉健一氏と山村由紀子氏のお話を聴きながら、
一番の悩みどころは、ボランティアの育成だと感じました。

　定年退職後の男性にどうやって社会参画していただくか。
この大きな命題が立ちはだかっています。会社の組織として
働いてきた男性は、地域に小さな居場所さえ築いていないの

が大方なのです。だから、図書館は知的好奇心を満たしてくれる数少ない居場所なんですね。しかも、労働には報酬が対価としてあるのが身に沁みついています。その上、定年になったからと言っても、「まだまだ働ける！」とやる気満々。回想法で過去を振り返るより、有償で自分を生かせることに興味があるのです。だから、'無償'のボランティア活動にはとても抵抗があるといいます。

　プライド高き男性へ、回想法に興味を持ってもらうには？と話していて、ふと、所沢の吾妻公民館での音読教室を思い出しました。「地域一受けたい授業〜学びは人生を豊かにします〜」のキャッチで開催された郷土を知る連続セミナーの一コマに「音読を楽しもう！」のタイトルで、友人と講師を務めさせていただいたことがあります。

　セミナーは、公民館主催に図書館が共催という連携で、40人近くの方が集まりました。平均年齢は70歳。そこまでは驚かないのですが、なんと、男女比は1：1。これは凄いことです。男性陣は「学ぶ」のキーワードには敏感に反応するのだそうです。そこで、最初に音読が脳や身体に与える影響について話をしてから、実際に声を出してもらうことにしたのです。

　読みは的中。最初は尻込みしていた男性陣にも興味をもってもらえ、予想外に好評でした。募集要項のキャッチフレーズが素晴らしかったのが勝因ですが、男性に社会参画していただくヒントにはなりそうな気がしました。題して、「学び

のこころに火をつける」。

　そして、もうひとつのキーワードは、やはり、「有償ボランティア」。せめて交通費の実費ぐらいはと思ったりするのですが、皆さんはどう感じますか？

　図書館での高齢者サービスは始まったばかり。三郷市図書館も浦安市の事例も確立したわけではなく、新しい形を模索している状態です。回想法はコミュニケーションツールのひとつにすぎません。その土地に合ったサービスとは何か？道半ばの試行錯誤は、まだまだ続きます。

あとがき

　「Web コラムを本にしたら」との話は、コラムが 30 回を越した頃からボチボチと出ていました。実現に至らなかったのは、単に私の力不足からでした。元々在職中に、苦手ながらも文章をコミュニケーションツールとして書いていただけのこと。それが、Web コラムも 50 回を越し、欲張らずに身の丈を残せればよいと腹もくくりました。

　せっかくなら、旧会社時代にユーザーへ出し続けた私信「LIVRE つれづれ」もどこかに残せればと、改めて目を通しました。図書館に 20 年間、仲間の SE と共に関わった証です。（ちなみに LIVRE とは、フランス語で「本」の意味だそうです）そんなハンモックタイムは、愉しんでいただけましたでしょうか？

　ハンモックタイムを散りばめたのには、もうひとつ想いがありました。若い方々に、仕事を愉しんで欲しいと伝えたかったからです。どんなに愚痴を言ってみても、一日の多くを拘束されるのが仕事です。ならば、どんな小さなことにでも愉しみを見つけて仕事をしたほうが、ポジティブに過ごせます。働いている人が愉しくなければ、サービスを提供される利用者が愉しいはずがありません。

私より後に癌が見つかり、私より先に逝った水木義和さん
は、文中のハンモックタイムで、味噌汁を飲み干した人です。
癌は一度寛解し、仕事へも復帰することができ、会社の地下
の喫茶室に元気な顔を見せてくれたことがありました。嬉し
くて思わず抱きついたら、「勘違いされます。止めてください」
と、彼らしいブラックジョークが返ってきました。

　営業の高橋慎一さんは、徹夜や残業が続くと、私の肩をい
つも揉んでくれました。「LAN ケーブルが欲しい」など、パ
ソコンの小物のおねだりは、いつも彼へ。ドラえもんのポケッ
トのように何処からか調達してくれる人でした。

　関西の営業だった松本嘉文さんとは、関西の出張で、いつ
も二人三脚の弥次喜多道中。訪問予定が遅れるときは、ユー
ザーに電話をいれます。「もしもし私、30 分ほど遅れます」
電話を切ると、「せめて、会社名と名前だけは伝えてください」
と真面目な突っ込みが入ってきました。その高橋さんと松本
さんも、私より若く、帰らぬ人になりました。

　2011 年、松島で東日本大震災に遭遇し、その直後に癌も
発覚し、それでも今こうやって生きているのはどんな意味が
あるのかと考えながら、彼らが私と一緒に生きた証をここに
刻みました。

　Web コラムに再度目を通してみて感じたことがあります。
コラムを始めてまだ 4 年ほどですが、その間にも、いくつ
かの民間図書館は消滅していました。一方、公共図書館は、

かたちは変わっても存続し続けています。自治体の人たちは、「公共の福祉」という言葉を使うのだそうですが、「持続性、継続性」の意義を改めて感じています。図書館の存在意義が大きく変わろうとしています。それでも変わってはいけない図書館の DNA は何なのか？ 今後も、そんなことを意識しながら伝えていけたらと思います。

　Web コラムのネタ探しに始めた、知人との図書館見学と観光を兼ねた「しゃっぴいツアー」は、編著『すてきな司書の図書館めぐり～しゃっぴいツアーのたまてばこ～』という本に結実しました。

　今回は私ひとりの著述ですが、前作「すてきな司書の図書館めぐり」でお世話になった編集委員の長谷川豊祐さん、砂生絵里奈さん、小廣早苗さん、子安伸枝さんのほか、佐々木千代子さん、結城智里さん、新堀律子さんにもお世話になりました。
　また、タイトな時間で出版していただいた郵研社の登坂和雄社長をはじめ社員の皆さんに感謝申し上げます。
　最後に、この本の編集に尽力していただいたすべての協力者に捧げます。

　　2018 年 8 月

　　　　「しゃっぴい SE」高野　一枝

初出一覧

Web コラム初出一覧	コラム回	掲載年月
第 1 章　図書館は誰がつくっているのか		
1　ベンダーは図書館のパートナー：図書館システムの歴史	第 2 回	2014 年 7 月
2　図書館と出版社をつなぐ：原書房成瀬雅人氏の講演会から	第 14 回	2015 年 7 月
3　まちライブラリーのかたち		
3.1　NPO 法人情報ステーション	第 7 回	2014 年 12 月
3.2　旅する図書館	第 19 回 第 26 回	2015 年 12 月 2016 年 7 月
3.3　つるがしまどこでもまちライブラリー	第 25 回	2016 年 6 月
4　つながる図書館のさき：専門図書館の紹介	第 5 回	2014 年 10 月
第 2 章　SE の図書館見聞録		
1　変わりゆく図書館		
1.1　指定管理から直営へ：小郡市立図書館	第 3 回	2014 年 8 月
1.2　双極の図書館比較：伊万里市民図書館と武雄市図書館	第 4 回	2014 年 9 月
1.3　ビジネス支援で顧客を開拓：札幌市中央図書館	第 30 回	2016 年 11 月
1.4　さばえライブラリーカフェとえきライブラリー：鯖江市図書館	第 35 回	2017 年 4 月
1.5　劇的 Before → After：佐世保市立図書館	第 46 回	2018 年 3 月
1.6　図書館の常識を覆す：みんなの森ぎふメディアコスモス	第 29 回	2016 年 10 月
2　まちへの愛をかたちにする		
2.1　官民連携の地方創生モデル：紫波町図書館（オガールプラザ）	第 17 回	2015 年 10 月
2.2　図書館が町のステータスに！：塩尻市立図書館	第 21 回	2016 年 2 月
2.3　戦時中のユタ日報に釘付け：松本市中央図書館		
2.4　郷土愛が詰まった図書館：宇佐市民図書館	第 24 回	2016 年 5 月
3　小さなまちの大きなサービス		
3.1　ランドセル置き場のある図書館：松川村図書館	第 21 回	2016 年 2 月
3.2　広報誌を毎月 2 ページ占拠：草津町温泉図書館	第 34 回	2017 年 3 月
3.3　小さな図書館の貸出アップ作戦：黒部市立図書館宇奈月館	第 40 回	2017 年 9 月

Web コラム初出一覧	コラム回	掲載年月
第3章　事件は図書館現場で起きている		
1　人間関係のスキルをみがく：川合健三氏のクレーム対応セミナー基本編	第1回	2014年6月
2　職員を大事にするスペース：石狩市民図書館	第30回	2016年11月
3　非正規雇用職員セミナー：同一労働同一賃金	第39回	2017年8月
4　2011.3.11 東日本大震災		
4.1　東松島震災アーカイブス：東松島市図書館	第23回	2016年4月
4.2　南相馬市立図書館の場合	第38回	2017年7月
第4章　SE からみた可能性		
1　エコノミック・ガーデニング		
1.1　エコノミック・ガーデニングとは？	第15回	2015年8月
1.2　山武市さんぶの森図書館の「ツナガル。」図書館を目指して	第40回	2017年9月
2　ビブリオバトル全国大会：生駒市図書館の取組みから	第36回	2017年5月
3　ウィキペディア		
3.1　ウィキペディア編集体験	第43回	2017年12月
3.2　新宿区立図書館から、連携のためのウィキペディア発進	第48回	2018年5月
4　回想法		
4.1　回想法とは？	第33回	2017年2月
4.2　田原市図書館の「元気はいたつ便」	第45回	2018年2月
4.3　三郷市図書館の回想法試行事例	第50回	2017年7月
4.4　回想法ライフレヴュー研究会との意見交換会		
4.5　浦安想い出語りの会		

〈著者プロフィール〉

高野一枝（たかの　かずえ）

　大分県生まれ。図書館システムの開発に20年間関わり、現在はライブラリーコーディネーターとして、NEC ネクサソリューションズ㈱ポータルにて、Web コラム「図書館つれづれ」を執筆中。また在職時から産業カウンセラーやキャリアコンサルタントなどの資格を取得し、若い方へのキャリア支援も。編著書に『すてきな司書の図書館めぐり〜しゃっぴいツアーのたまてばこ〜』(郵研社) がある。
　ブログ：しゃっぴいおばさんのブログ。

システムエンジニアは司書<ししょ>のパートナー
〜しゃっぴい SE の図書館つれづれ〜

2018 年 10 月 29 日　初版発行

著　者　高野　一枝　ⓒ TAKANO Kazue
発行者　登坂　和雄
発行所　株式会社　郵研社
　　　　〒 106-0041　東京都港区麻布台 3-4-11
　　　　電話 (03) 3584-0878　FAX (03) 3584 0707
　　　　ホームページ http://www.yukensha.co.jp
印　刷　モリモト印刷株式会社

ISBN978-4-907126-19-3　C0095
2018 Printed in Japan
乱丁・落丁本はお取り替えいたします。

●●●●● **好評既刊** ●●●●●

すてきな司書の図書館めぐり

読まれてます！
2刷

高野一枝 編著

定価：本体1800円＋税

■フィクションで描かれることの多いステレオタイプな司書の姿とは 一線を画した好奇心旺盛な図書館員・図書館人の独特の世界！
■図書館をこよなく愛する人たちによる、日本や世界の図書館や地域の素晴らしい一瞬を切り取ったスナップショット25編！図書館見学ツアー13回。参加者は延べ124名におよび訪問先図書館は45館！
■しゃっぴいおばさんに集う 熱き司書たちのマジカルミステリーツアー！

スローライフの停留所
～本屋であったり、図書館であったり～

人を幸せにし、自分も幸せになれる。
図書館ってそういうところなんです。

内野安彦 著　　定価：本体1600円＋税

図書館魔女の本の旅

図書館魔女を育てた、本、旅、人。
魔女のルーツがこの一冊に！

大島真理 著　　定価：本体1500円＋税

郵研社の本
YUKENSHA

※書店にない場合は、小社に直接お問い合わせください